澳 門 地 理

何大章 繆鴻基 合著

中華民國三十五年六月
廣東省立文理學院出版

澳 門 地 理

何大章　　繆鴻基　合著

———————

中 華 民 國 三 十 五 年 六 月

廣 東 省 立 文 理 學 院 出 版

澳 門 地 理

版 權 著 者 所 有

翻 印 必 究

中 華 民 國 三 十 五 年 六 月 初 版

定 價 每 本 三 千 元

著 作 者	何 大 章　繆 鴻 基
出 版 處	廣 東 省 立 文 理 學 院 出 版 組
發 行 人	何 大 章　繆 鴻 基
發 行 所	蔚 興 印 刷 場 局
經 售 處	全 國 各 大 書 局 場
承 印 所	蔚 興 印 刷

廣 州 市 教 育 路 十 六 號

澳門地理目錄

序 文

照　片　目　錄

附　圖　目　錄

附　表　目　錄

本書著者地理新著

北江湞武二河水文之研究	吳尚時 何大章 羅來興 合著
	韶關市政籌備處坪石水文站出版
廣東曲江潦患與預防	吳尚時 何大章 羅來興 合著
	韶關市政籌備處坪石水文站出版
粵北之水力	吳尚時 何大章 羅來興 合著
	國立中山大學地理系編印
廣東省之氣候	吳尚時 何大章 合著
	亞新地學社出版
日本地形圖	何大章設計繪製 吳尚時校訂
	亞新地學社印行
世界地理(亞洲之部)	繆鴻基 陳永漢 合著
	國立中山大學先修班出版
中山縣地理	何大章 著 (付印中)
香港地理	繆鴻基 著 (付印中)

香港・澳門雙城成長經典

8

梁　序

今試執學子而問之曰：澳門之形勢何若？交通何若？海港有無修築之價值？實業有無發展的前途？則殊有相顧茫然莫知所對者。此蓋由於全國各地方志多付闕如，澳門尤素乏專書可資省覽故耳。何君大章、繆君鴻基，都講上庠，積有年所，課餘撰成「澳門地理」一書，凡關土宜、天候、人文諸端，剖析精微，蒐羅詳備，異日從事建設，按圖索驥，即足以供設計之資；其有造於澳門，實非淺鮮。爰樂書數語，以弁其端。

民國三十五年四月　梁寒操

羅　序

　　澳門一名濠鏡自昔為東西洋旅客舟次候風之所，屬廣東中山縣。葡人攜貨來粵通商，每至必在澳下貨貿易，逮冬及春，順風利航，返棹而去。諸傳教士，亦藉是往來中國。帆船賴季候風行駛，濠鏡處東西洋交通之要點，宜其發展甚早，而為十六世紀遠一大商埠也。葡人數百年來經營其地，通工易事，幣制郵政，以及社會風尚，儼然成一特殊區域，而內地奢靡無度，或作奸犯科者，亦庽集其間。於是澳門遂為言中外文化及外交會社諸問題者所注目，研究論文，亦日以增，顧其地理實況，國人自昔鮮以科學方法，為專書以闡發者，斯亦學術界憾事也。廣東省立文理學院地學組，年來以沿海地理為研討重心，副教授何大章先生，治百粵輿地甚精，乃與繆鴻基先生，合著澳門地理一書，博採中外資料，勘以實地效察，闡述之富，一時無兩，方今抗戰勝利，薄海奮發；有關澳門各問題，國人咸望能為合理解決，而何繆二先生此書，適應時勢需要，諒為國人所樂許，又不徒有貢獻於地理學界已也。因綴數言，以為弁首。

中華民國三十五年六月三十日

　　　　興寧　羅香林撰於廣東省立文理學院　院長室

香港‧澳門雙城成長經典

吳　序

　　門人何大章與繆鴻基二君合著「澳門地理」一書，其研究工作，早已開始於多年之前，是時二君適執教於當地，本人自廣州淪陷以後，即隨中山大學輾轉內地。廿九年冬，由雲南澂江回遷粵北，主持地理系務，即電何君返母校，一面在系中工作，一面繼續完成是書，惟格於當時之國際關係，未能暢所欲言，抗戰勝利後，二君即將原稿重新修改，出版時期未免因此延遲，然亦正賴是而益形精到，更能適應時代之需求。「塞翁失馬，安知非福，」固非盡屬解嘲之辭。惜本人學識淺陋，指導之術，徒負老馬之名，而青出於藍，冰寒於水，閱是書者，自知何繆二君參考之丰富，立論之正確，言澳門之地理者，今日實不能不推此書為最詳盡之佳作，二君多年不斷之努力，誠未虛擲也。

民國三十五年六月

　　　　吳尚時序於嶺南大學

呂　　序

　　都市地理是現代地理底重要的細胞。每個都市各特有牠底機能:也許是政治的,軍事的,經濟的,文化的,宗教的,或綜合的。每個都市也各在過著一定的生長過程:是在新生,發育,成熟,衰老,死亡,或再生的階段。都市所在的位置,因外圍環境,如交通,經濟,或政治等條件之改變,每能增加或減少牠底重要性。就是都市內部各區間的組織和關係也常常在變動著,調整著。所以都市景觀是動的現象,而對都市地理之研究自須盡量運用現代地理學的知識和方法。

　　現代地理學對區域地理之研究特別著重活潑的描寫,具體的比較和詳明的解釋。研究都市地理,益不能把捉住這些要點,就會成為呆板的敘述式或統計式的「導遊」或「指南」了。

　　澳門雖然不是怎樣大的都市,可是在歷史上和地理上卻具有相當的意義。牠是「西力東漸」的觸鬚,由地中海伸到東亞的觸鬚。因時代之轉移,牠底作用已大為改變,但還在反映著地中海都市底特色;如破落的教堂,顏色錯雜的屋宇,像在摩納哥(Monaco)城中的狂熱和喧囂……。歷史底陰影雖還在掩蔽著若干地理的事實,但不能完全隱蓋著那些緩慢的或急激的變動。從地理的立場,對這古舊的都市底個性和牠底前途之探討,是值得重視的。

　　本書著者是青年的地理學家,自然能利用時代底新的工具作科學的研究。他們以本書底目錄來徵序於余,雖未得細讀全書,但就牠底綱領來看,也足窺見本書底內容之整齊和賅博。這是值得嘉許和介紹的。

中華民國卅五年六月

呂逸卿　於國立中山大學地理學系

自　序（一）

　　民國二十七年秋，敵陷廣州，著者移居澳門，從事華僑教育，目覩家鄉淪陷，國難日亟，每思竭其所學，以圖報國於萬一。時中山大學地理系硯友何大章君適同留澳門，乃相約就近研究澳門地理，以爲他日收回失地之張本。課餘輒同往勘察當地山川形勢，港灣要津，調查交通產業，社會實況，對葡人佔據澳門之史跡，尤加注意；四年以來，風雨如晦，調查研討，未嘗或已，澳門地理原稿，於是雛成。及民國三十一年太平洋戰事發生後，著者離澳返國，從軍長沙，因地邇前淺，生活靡定，未暇將原稿詳加整理。

　　方今抗戰勝利，珠海重光，廣州灣及各省租借地相繼收復，吾粵正從事於新廣東之建設，惟澳門一地仍籍其政治特殊，窩藏奸宄，包庇煙賭，藏污納垢，實我廣東地圖之污點，收回洗滌，急不容緩。考葡人之入據澳門，實屬乘機侵佔，史冊所載，歷歷可考，爰將原稿重新修訂付梓以供當局收回失地之參證。

　　關於澳門之中外史籍殊鮮，而著者年來奔走各省，手頭書籍無多，未能將本書詳細參訂，疏漏難免，尚望地理賢達不吝指正，俾能成一更完備之澳門地誌，固著者所深切期禱者也。

　　本書綱目，承吾師吳尚時，孫宕越兩教授之指導，初稿既成，復承吳師參訂，增益良多，内子曹幸生女士襄助校閱工作，並多予鼓勵；謹此誌謝！

　　　　　　　著者　繆鴻基
　　　　　　　民國三十五年六月於廣州國立中山大學

自　　序 (二)

　　澳門昔為廣東香山縣屬，自前明嘉靖年間，首淪於葡萄牙，其史蹟形勢，史不絕書，深誌不忘。著者出生中山縣，地邇澳門，濠海松山，為昔年釣遊之地，懷念之情倍切。在學之時，對於澳門史地，嘗加注意，二十七年，著者畢業於國立中山地理學系，以澳門地理為專題研究，旋以我國抗日戰事，延及廣州，著者赴澳，從事華僑教育工作，得一長期研究澳門地理之機會，經擬就「澳門地理之研究」一文，刊載中山大學地理集刊第二期內。時硯友繆鴻基君亦抵澳門任教，乃相約合作，詳為研究，課餘輒同往實地調查考察，對於新港口之選擇與經濟建設之途徑，尤多研求，沙窗月落，寒暑無間，數年來如一日，澳門地理原稿於是大致完成。

　　二十九年冬，著者以返母校地理系任教，行赴粵北，原稿在系，多所補充。三十一年鴻基君亦返國服務湘北，軍書旁午，原稿曾由著者負責修訂，送由中山大地理學系編列為地理學叢書，付印江西東南書局。三十三年粵北戰事猝發，著者所存原稿，盡遭浩劫，戰事至贛，印稿又告散失，至為可惜。其間一年，戰雲漫天，著者流離粵桂，轉任廣東省立文理學院教席，今我抗戰勝利，粵土重光，著者隨院復員，與鴻基君共會羊城，爰將留存澳門之原稿，重新整理，再行付梓。

　　考澳門之為葡佔，遠在三百年前，為我國血淚史上之第一頁，遍查我國關於澳門之史籍，並無正式割讓條約之訂立。而葡人之攻取豪奪，搾取統治，尤為帝國殖民地之縮影。歷年以來葡人於澳門公開煙賭，放縱私梟，實為吾粵罪惡之淵藪，今吾人之研究澳門地理，固在發揚新地理學之體系，並為喚起國人對澳門失地之注意也。

　　澳門地理之研究，為都市地理之範圍，其交通生產發展如何？港口開築之前途如何？此為吾人中心之問題。尤以澳門情形特殊，其失地歷史之考據，將來政治問題之解決，此亦為吾人再三注意者，吾人已從都市地理進而作政治地理之研究矣。惟著者學淺識陋，力有未逮，尚望內外賢達，不吝　指教，幸甚幸甚！

　　本書之作，數年以來，承吾師吳教授尚時之指導至切，孫教授宕越之提示亦多，至深感激。若干材料，時蒙黎敏斐譚彼岸先生之惠供，得益甚大；地圖多幀蒙劉存、余銘澍先生助繪，幫忙不少；出版之事，千頭萬緒，蒙劉樹恩、蕭祝侯先生之鼓勵最切，梁明德、梁顯德、劉應章、高宗保諸先生之協助甚多，其熱心文化之摯情，至感！梁秘書長寒操，羅院長香林，吳尚時、呂逸卿教授惠賜序文，彌光篇幅，謹此深致謝忱！

　　　著者　何大章　　民國三十五年六月於廣東省立文理學院

圖1　　　　　澳門古圖　　　（採自廣東通志）

『無多蓮孤地，　錯雜漢蠻居；　版籍南天盡，　江山五嶺餘。
一邦同父母，　萬國此車書；　舳艫浮貨至，　微茫極太虛。
孤城天設險，　遠近勢全吞；　寶聚三巴寺，　泉通十字門。
持家蠻婦貴，　主教法王尊；　聖世多良策，　前山鎖鑰存。』

　　　　　　澳門古詩　　　香山李珠光

照片1　媽閣古廟
（郭秉琦先生攝贈）

照片2　開埠三百餘年來之澳門
（廣州中山日報社贈）

照片 3　　1 6 3 8 年 之 澳 門

（採自 P. Marinhugs. Macau no seculo XVII.）

照片 4　　澳 門 南 環 古 圖　　（採自 Views in China）

照片5　1864年之澳門——南環
（採自澳門摩登攝影室）

照片6　1865年之澳門——濠江
（採自澳門摩登攝影室）

澳 門 地 理
緒 言

澳門爲我國南海沿岸之一小半島，遠在十六世紀時，葡萄牙人東航，移泊於此，求市於中國，爲中外貿易最早之市場，東西洋文化最初之接觸地，西洋宗教技藝，自此傳入我國，華夏文風，遠播海外，至饒歷史意味。

辛亥革命前，國父孫中山先生，提倡革命，曾于澳門託名行醫，開設藥局，秘密從事革命運動，澳門亦爲我國早期革命之一根據地，至堪紀念。

溯自十六世紀澳門開埠以還，掌握中外貿易之霸權，商業鼎盛，爲澳門之黃金時代。十九世紀後，香港開埠，遠東門户相繼開放，澳門貿易乃告中落。惟以其地邇近粵省富庶之區，人口衆多，商業尚可維持，仍不失爲遠東之一重要城市。

三百餘年以來，其間華洋雜處，關係綦密，近年我國人僑居於此者逾二十萬，佔全市人口百之九五，民情風俗與內地無殊，其政治之良窳與我之利害尤切。

考澳門之發展，必有賴於我內地之給養與新港口之開築，而其城市之經營，亦應循一正當之途徑，惜澳門今尚爲葡佔，其行政設施，復與我相背違，藏污納垢，良堪浩歎。是以澳門今後與我國之政治關係如何？其經濟發展之途徑如何？殊值吾人加以深切之注意者也。

第一章　澳門之開埠

　　我國南海之濱，珠江出口，港汊分歧，島嶼羅列，門澳半島在焉。（圖2）昔僅荒僻海隅，為漁舟飄泊之所。距今三百餘年前，葡人東來，幾經遷徙，至此貿易，初僅茇舍，其後來者日衆，華洋雜處，房舍櫛比，蔚然成埠。

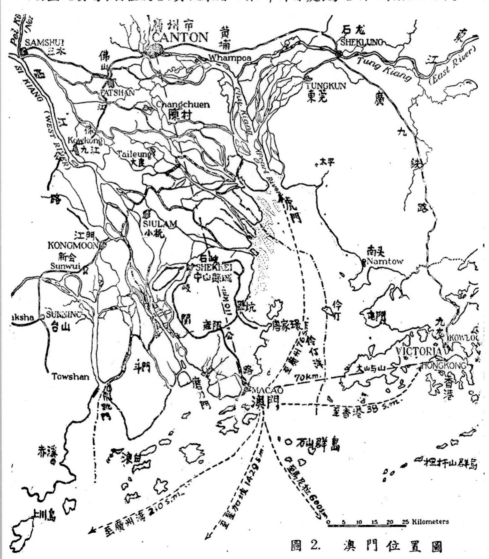

圖 2.　澳門位置圖

第 一 節　名稱之由來

考澳門昔名「香山澳」，以其地屬香山縣，爲船舶停泊之所，明時蕃舶出入之港口曰「澳」，故曰「香山澳」。

澳門於明時亦曰「濠鏡澳」；或以其地盛產蠔，稱「蠔鏡澳」，亦簡稱「濠鏡」；或以其西岸濠江，海水平靜如鏡，故名。據「澳門紀畧」（註1）云：「濠鏡之名，著於明史……東西五六里，南北半之……有南北二灣，可以泊船。或曰，南環二灣，規圓如鏡，故曰濠鏡」。今亦有以澳門爲「濠江」者。

澳門一名，據澳門記畧云：「……，其曰澳門，則以澳南有四山離立，海水縱橫成十字，曰十字門，……故合稱澳門；或曰：澳有南台、北台，兩山相對如門云。」又：「自香山縣鳳棲嶺迤南，一百二十里至前山，又二十里爲濠鏡澳，……遵澳以南，放洋十里許，左舵尾（小橫琴），右鷄頭（凼仔）右橫琴（大橫琴）左九澳（路環）灣峯表裏四立，象箕宿，縱橫成十字……，故合稱澳門云。」又龐尚鵬尚可亭摘稿中云：「由雍陌（在中山縣南部）至蠔鏡澳，計一日之程，有山相對如台，曰南北台，即澳門也。」澳門一名當日所指即半島而迄十字門一帶之地。

以地名觀察，珠江口外各排水水道之出口，多名曰門，如虎門，橫門，磨刀門等；澳門之名，亦或緣此，蓋即謂珠江外蕃舶出入之門戶也。

至於外人稱澳門曰「馬交」(Ma-Cao)一說謂爲「泊口」之訛音，明嘉靖十四年，前山寨都指揮黃慶請上官蕃移舶於濠鏡，名其地曰「泊口」或「泊澳」葡人訛爲 Macao。一說謂澳門南端有天后廟，爲福建漁民所建，閩人稱曰「阿媽閣」，（即今媽祖閣，照片1）外人訛爲 Amacao，輾轉訛爲 Macao；（註2）一說謂澳門東北海角有馬蛟石，葡人初到時，問土人說mc-oa，故名其地。（註3）相沿至今，國人稱此地曰「澳門」，外人稱曰 Macao，葡語則爲Macau。

第二節　中葡之交通

　　溯自馬哥孛羅 (Marco polo) 譽東方爲黃金之國後，（註4）西人竊往，然歐人之東來，實始于葡萄牙 (Portugal)。中世紀末，1453年間，回教土耳其人佔據君士但丁堡 (Constantinpole) 握歐亞兩洲陸地交通之孔道，凡歐洲商人道經其地者，備受壓榨與劫奪。其北轉道西伯利亞則極荒涼，有廣潤之沙漠、草原、湖沼、及叢林之間隔，跋涉維艱，而地中海之意大利人，復恣意操縱東方之貨運，葡萄牙人居大西洋岸，格于地位，不能與之爭，心懷羨妬，葡太子亨利(Bartholomew Henry the Navigator) 乃獎勵葡人航海事業，冀發現一新航路以通亞洲，以避免土耳其及意大利人之操縱焉。

　　先是1445年（明正統十年）葡人丹尼斯地亞茲，(D.Daiz) 發現西非綠角，(Cape Verde)。1486年（明成化二十二年）葡人白沙洛密地亞茲 (Bartholometn Diaz) 已航行至非洲好望角 (Cape of Good Hope)，遂開東面航路之端。其後 1492年(明弘治五年)哥侖布 (C.Columbus) 橫斷大西洋，以冀通印度，未果。1497年（弘治十年）葡人法斯哥達加瑪 (Vasco de Cama 1460—1524)沿非洲海岸南航繞如望角而至東非之馬林底，(Malinidi),翌年復抵印度西岸之加羅卡特 (Ca.icut, 註5)及臥亞，(Goa) 是於日夕所期之歐亞新航路，終告發現。

　　當時，印度及南洋羣島以產香料著名。自加瑪發現新航路以後，葡人之東來印度及南洋者甚眾，1509年(明正德四年)葡人塞寇拉 (Sepueira) 奉葡王命至馬來半島之麻六甲 (Malacca) 請求通商，後二年，印度總督亞丰素亞布基(Afonso Albuquerque)攻佔其地。(註 6)時麻六甲爲南洋貨物薈萃之地，摩鹿哥 (Molacco) 之香料，班達羣島 (Banda ls.之) 荳蔻，帝汶 (Timor) 之檀香，婆羅洲 (Borneo) 之樟腦，里吉約 (Liquio) 之白銀，孟加拉 (Bengal) 之織品，吉拉憂拉 (Kilakara) 之珍珠，那而幸夏(Nar--sing--hpur)之金剛石，錫蘭 (Ceylon) 之肉桂，馬拉巴(Malaba)海岸

之胡椒、羌及各種香品等均會于此，印度洋各地之商人，亦多至此交易，船舶輻輳，麻六甲乃成爲東方最早之世界市場。葡人既佔據麻六甲，乃結歡當地之中國商人，以爲日後與中國通商之初步。

　　1514年（明正德九年），葡人阿爾佛留斯 (Jorge Alvares) 自麻六甲初航中國，首至廣東沿海之屯門 (Tamao 在珠江口外九龍青山灣，註7，圖1)，1515年（明正德十年）葡領麻六甲總督達爾伯克喀(Jorge d' Albo querque) 派裴來斯特羅 (Pafael Perestrello) 乘帆復來廣東沿岸，脫售貨物，滿絲茶黃金而歸，在麻六甲之葡人，涎羨不置。1517年（明正德十二年）總督再命裴南柏來斯德安拉德 (Fernao Perez de Andrade)及葡使節比留斯 (Thomas Pirez) 率葡艦隊正式訪謁中國(註8)，是年八月先至屯門，幾經邀請乃得我防守海盜之軍船保護，直駛至珠江口之南頭 (Nantao)，許可入廣州互市。(註9)旋 1521年(正德十六年)因葡人暴行被逐，中葡交惡，(註10)蕃舶貿易，悉行禁絕，廣州貿易蕭然，(註11)自是葡人不得已轉往福建浙江沿海寧波及漳州等地作臨時之貿易。

　　1523年(明嘉靖二年)粵文武官員有言以蕃貨代俸，請復通市，1529年（明嘉靖八年）兩廣巡撫都卸史林富，上奏言互市有四利，(註12)旋經事主王希文力爭未遂，(註13)及 1531年(嘉靖十年)始解朝貢國船舶定期貿易之禁，諸蕃之復通市自林富始，惟對于朝會所不列之葡葡牙，仍在嚴禁之列。然在廣東方面，商人圖利之所在，陽奉陰違，仍有與葡人私自來往者。

　　1537年(嘉靖十六年)葡人再至屯門通商，後又移于上川島，西人稱曰St, John Island，作臨時貿易，1542年（嘉靖二十一年）及1549(嘉靖二十八年）葡人先後被逐於寧漳等地，乃相率回粵沿岸通商。1515年（嘉靖二十三年）中國封鎖上川島，當時貿易，僅限於浪白澩 (Lampacao)一地（今中山縣海外之南水島，圖2,註14) 作臨時對外貿易港，其他蕃舶皆集于此，當時浪白澩儼然成爲國外唯一之市場，每屆夏秋之間，蕃舶乘西南風而至，帆檣層集，甚爲繁盛，葡人稱其地曰 Lampaco，實十六世紀之「上海」也。

第 三 節　　葡人佔據澳門之經過

葡人自被逐於寧波漳州之後，轉回廣東海岸，先移至浪白滘，然後移佔澳門。關於葡人佔居澳門，約有二說：其一謂十六世紀初期1557年之際，(嘉靖三十六年間) 澳門沿海，海盜猖獗，爲患甚烈，葡人往勦，將澳門附近之海盜逐出，葡人籍此乃佔據澳門，事聞於朝，中國皇帝以其勦滅海道有功，乃許葡人居于澳門云。(註15) 惟據中國史籍所載，其年代及地址頗有出入，史實亦至參差，未足置信。其一謂于 1535 年(明嘉靖十四年) 因前山都指揮黃慶納葡人賄賂，請于上官移浪白滘蕃舶于濠鏡，歲輸課二萬楷，自是准葡人船舶移泊澳門，澳之有蕃市，自黃慶始。(註16) 1553 年(嘉靖三十二年) 海道副使汪柏私許葡人在澳租借土地，另加地租每年五百兩，惟我朝廷未有正式允許也。據澳門紀畧云：「蕃舶託言舟觸風濤，願借濠鏡地暴諸水漬貢物，海道副使汪柏許之，初僅茇舍，商人奸利者漸運甎甓樑榱爲屋，佛郎機 (註17) 遂得混入，高屋飛棟，櫛比相望，久之，遂爲所據，乃築室建城，雄據海口，若一國然。(註18)總之，葡人之得居澳門，乃屬乘機侵佔性質，時期約在 1553年 (明嘉靖三十二年) 至 1557年 (三十六年) 之間，(註19) 惟我國史籍，認其留居澳門繳納地租之時爲1564年 (嘉靖四十三年) (註20)而葡人則自認爲 1557 年已在澳門設官置守，公然表示佔據爲其殖民地，此爲我國血淚史之第一頁。

葡人既佔據澳門，其後來者日衆，時有擴佔土地，我當局乃于 1574 年(明萬曆二年)設立蓮花莖關閘，(註21)然此並非限界，僅藉以統制糧食之出口耳。1743年(清乾隆八年) 海防軍民同知尚設于望廈以管理人民訴訟。可見當時望廈一帶，仍爲我所管轄。1582 年(明萬曆四年)澳人抗繳澳門泊口稅，僅納租金五百兩，而皆完納于香山縣。1622 年(明天啓二年) 葡人爲防衛計，于水坑尾三巴門間，建築城墻一道，以自固守。至其牆圍所經，爲自今東望洋山頂天文台西側起，下山，經水坑尾細井

巷,上大砲台山,連接大砲台城,復下山,西括慈幼院,北繞白鴿巢花園,
經大三巴圍營地街之西,南延由通天街經紅窗門街過萬里長城,媽閣廟
之東北背,繞西望洋山東南坡以迄西環竹仔室海濱,(圖3) 足見葡人當
時所佔只限于三巴門城牆以南之地,至今牆界,尚斷續可尋。(註23) 當
時我國所稱之澳門,其地只在望廈以西南三里三巴門城牆以南之地。
(註24)

　　1842年(道光二十二年)鴉片戰爭後,中英訂立南京條約,英割我香
港,葡人遂藉口要求我豁免澳門租金五百両,及將自關閘至三巴門一帶
地方俱歸葡人撥兵把守,均經我方嚴加拒絕。(註25)

　　1845年(道光二十八年) 葡人拒納澳門地租,並圖佔半島中部之望
廈村,強制取銷中國關稅,是年澳督亞馬拉(Feireira do Amaral) 領兵攻
入望廈村,引起土人之抵抗,旋亞馬拉戰死。(註26) 1849年(道光二十
九年)葡人藉詞佔望廈等地,毀我望廈丞署,佔我塔石砲台,我縣丞署被
迫遷回前山,自是關閘以南半島之地盡為葡佔。(圖4)

　　1851至1861年(清咸丰年間) 葡人築砲台于西沙嘴(即澳門海口南
岸,(註27)強佔海外二公里之氹仔島民居,1863年(清同治二年)強佔半
島中部塔石,沙崗,新橋,沙梨頭,石墙街等村,並築馬路 激動公憤。
(註28)

　　1864年 (同治三年) 七月,我與葡交涉自三巴門至關閘之失地,歷
數月,未得解決。(註29)

　　當中于 1864年1868年(同治七年)中葡屢曾議澳門問題,有欲將澳
門仍歸中國管轄,而償還砲台道路建築費百萬両之意,惟議約未成。

　　1874年(同治十三年, 葡人乘間闖入中山縣,拆毀關閘舊墻 (即舊
關閘),設捕房另立一新閘 (即今關閘, 註30)由三巴門以北至關閘,自
認為葡界,殊無法理。

　　1879年(清光緒五年)葡又佔半島中部之龍田村, 1883年 (光緒九
年),強編望廈龍田二村戶籍,又開馬路,設捕房於望廈,(註31) 喧賓奪

主,一至於此。

　　1887年（清光緒寸三年）因我方辦理洋貨厘金及洋藥厘稅新率,海關總務司赫德,派稅務司金登幹赴葡京里斯本(Lisbon)會議,協助緝私辦法,葡外交部因與金稅務司預立草約四項,(註32)其第二欵便由中國允准葡國永管澳門以及屬澳之地,同年十月, 中葡會議於北京,締結中葡會議草約及中葡商約五十四欵,(註33)載有關於葡京預約所訂葡國管永澳門一欵,仍予照允,惟須由兩國派員勘訂界址, 另行訂立專約等語。我國雖承認葡人得居駐管理澳門,惟對於澳門境界並未劃定,並註明在未劃定以前,雙方係照舊時情形,不得改變。(註34)截止此時,半島上望厦各村仍歸我屬,據1890年（光緒十六年）中山縣李徵庸上兩廣總督李瀚章稟云:「望厦龍田戶籍,仍歸華屬。」又云:「關閘以南之望厦村千百戶,均係本縣糧戶,從未甘向葡人交租,在縣控訴有案。」可為証明。然自1887年（清光緒十三年）此約成後,葡人輒有毀牆侵地之舉, 糾紛未已。1890年（清光緒十六年）葡人佔青洲島,我停泊軍船於青洲,葡人竟要脅我軍船只可於亞婆石（青洲西北）以下青洲以上水面停泊,同年葡人佔築青洲新路,轉租英人 ,迫我原駐青洲島之水師移駐前山,其後葡人又擴逮仔路環兩島,島上舊有沙主,向為漁船泊地, 時鄰境大小橫琴海盜出沒,葡以保護為詞, 建兵房砲台, 抽收船牌業鈔, 佔地闢路, 儼然自成一小埠。復曾一度攻佔我中山縣之北山沙尾灣仔銀坑等村,(圖3)強迫編釘門牌,後鄉人鳴鑼號衆,葡兵始狼狽竄。(註35)

　　1902年（光緒二十八年）葡要求我清慶親王允其建廣澳鐵路之權,由澳門經中山縣之石岐而達廣州,長凡一百二十公里,(圖2)於 1904年（光緒三十年）十一月訂有中葡廣澳鐵路合同,原議中葡合辦, 惟後經交涉,收回我方自辦。同年中葡委員復議於上海,擬劃定澳門境界,惟僅協定辦理修浚鴉片條例,對於澳門境界問題, 仍未議定,自是葡人在澳屢乘機擴佔土地。

　　1907年(光緒三十三年） 葡人在澳門關馬路,焚毀我龍田村居三十

圖.3 澳門市街圖

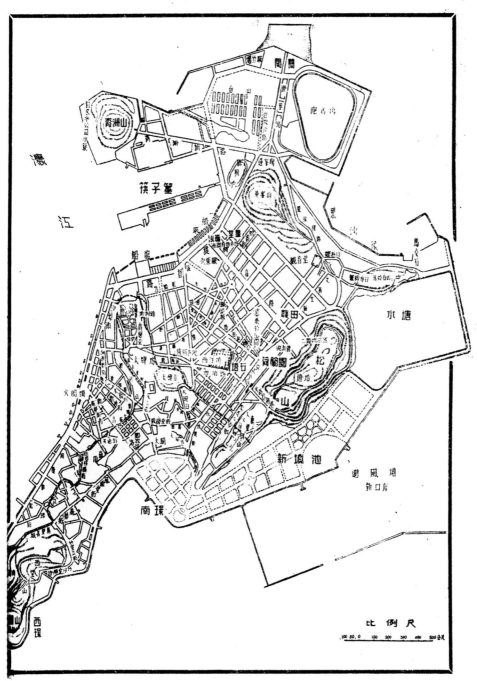

----1622年(明天啓二年)葡人佔築城牆

澳門地理（一九四六）

27

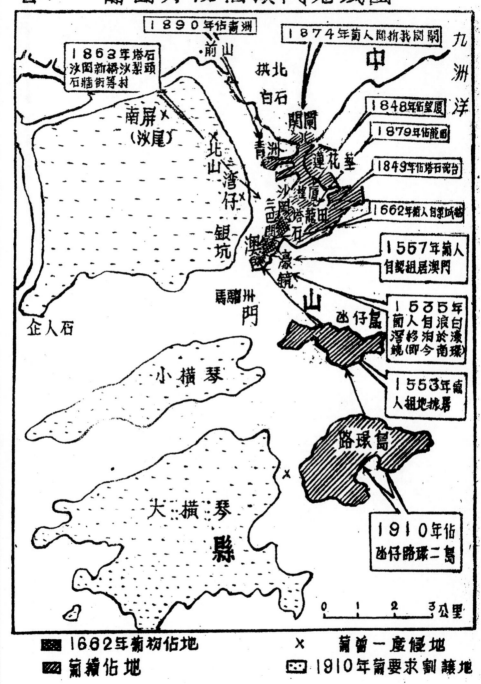

圖4　　葡萄牙侵佔澳門地域圖

1890年佔壽洲

1874年葡人闖折我閘關

1863年塔石汛圍新橋汛潔頭石牆街等村

1848年佔望廈

1879年佔龍田

1849年佔塔石砲台

1662年葡人自築城牆

1557年葡人自認租居澳門

1535年葡人自浪白澳移泊於濠鏡(即今南環)

1553年葡人租地搭居

1910年佔氹仔路環二島

前山
拱北
白石
南屏×
（汛尾）
青洲
北山
蓮花莖
灣仔
沙
崗
望
廈
塔
石
龍田
銀坑
媽
閣
澳
門
豪
鏡
企人石
馬騮洲門
氹仔島
小橫琴
路環島
大橫琴
縣
中
洲
洋
九
山

0　1　2　3公里

■ 1662年葡初佔地　　　　× 葡曾一度侵地
▨ 葡續佔地　　　　　　□ 1910年葡要求割讓地

餘家,居民遷徙流離,莫名其苦。(註35)同年六月, 葡兵忽至灣仔,強我漁船入澳,逾期則充公,又勒收人情紙始得灣泊,並派葡醫於灣仔醫院,諸多干涉。(註37)

1918年(光緒三十四年)日本二辰九船,密運軍火入中國,葡人籍詞向我爭執辦理,以謀擴展澳門之佔地,(註38) 同年,又因葡人在澳疏濬道河事,中國再派巴黎公使劉式訓到葡交涉,復由英國居間調停,葡乃罷濬海之議。1909年 (清宣統元年)葡勒令我望廈村金山谷一帶墳墓限一月遷去,不勝其擾。

1910年(宣統二年)中葡因澳門劃境問題,雙方派代表會議於香港,我代表爲高而謙,葡代表爲馬沙鐸,其初, 葡使求澳門半島及拱北大小橫琴氹仔路環青洲與附近海面,我國方面先主張以澳門壁外(即1662年葡人自建之城墙) 爲葡領地,壁內數村爲其屬地,後讓步擬承認以氹仔路環二島爲其屬地,而否認拱北大小橫琴及澳門內港與附近領海權,談判四月, 雙方爭持不下,同年十月將此案移京談判,其後終於擬定澳門原界作爲本境,以龍田望廈爲屬地,氹仔路環與葡人停留,不作屬地,其餘對海大小橫琴內河外海,仍屬中國,葡方表示不滿, 並請提出海牙和會公斷,(註39)旋因葡國革命,談判中止,迄今尚成懸案。(註40)

其後, 葡人復屢次佔地,1910年(宣統二年)於青洲山海面設砲台,在大小橫琴抽收地鈔,1911年 (宣統三年) 強迫路環九澳地主納租,於鷄頸山 (氹仔山) 東北濬河,又派艦暗濬我九洲洋海道,粵督張鳴歧止之,不聽,我即派人與葡劃界,葡仍堅持前議, 並欲拓佔附近各島之地,張督拒之。民國二年 (1913年)葡公使復照會我國政府請劃定界址,民國三年 (1914年)駐華葡使奉命與我外交部繼續談判條約,葡方意見仍以前馬沙鐸商訂事畧爲根據,民國四年(1915年)二月,我外交部派劉符誠赴粵調查澳門擦案,並電高而謙詢問當日交涉情形,後復擱置。民國八年(1919年)葡復築青洲堤,開闢青洲島北部之地,經我國抗議及英國勸告乃中止 , 民國十年(1921年)中葡對於澳門界址雙方均請美在太

平洋和平會議提出公斷,後以界務複雜,斷難由美國解決作罷。民十一年(1922年)四月﹐葡使向我提出門澳水界問題,亦未有若何規定。民國十七年（1928年）我當局因中葡條約五十四款滿期,（註41）由外交部正式照會葡國公使聲明作廢﹐與葡國在北京正式另訂中葡友好通商條約以代替前此所有之條約,可知葡人今日佔據澳門,實已無任何法律之根據。

第四節　　澳門之今昔

　　十六世紀之時,葡人雖佔居澳門,惟明廷仍不視其為朝貢國,故當時葡人在澳門之貿易,僅屬私通性質,然商人因利之所在,趨之若鶩,至1578年後(明萬曆六年間)竟成公開之秘密。時中國海禁未開,惟廣東方面,當局以與其秘密通商,徒坐視放棄鉅額稅收,不若遷許其公開貿易,故澳門貿易仍得進行無阻。且當時我對於澳門葡商特別優待,所納稅項較他國約輕三分之二,是以葡人在澳能獨佔歐亞市場,為澳門之黃金時代,每年由葡商運至者﹐有歐洲之嗶嘰絨,哆囉嗹呢,印度之珊瑚,虎珀象牙,明珠﹐玻璃及銀塊,安南之胡椒,錫,臘,檳榔等,其運出者為絲茶磁器,砂糖及黃金等﹐就絹一項,每年由葡商輸出者約有五千三百箱之多(每箱裝縐緞百捲薄織物一百五十捲,註42)黃金二千二百枚(每枚十兩）麝香八百斤,葡人在廣東之貿易所獲之恩典,即朝廷所允許通商之其他朝貢國亦遠不如。自1557 年以來,葡人在澳門,不特獨霸中國與歐洲間之貿易,並握有中國與日本菲律賓之貿易權威,葡人在粵,將歐洲及印度之酒,軍火﹑藥物﹑綿毛織品及在中國廉價收買之黃金生絲絹織品,運至日本,又自日本交換小麥﹑漆器﹑船材等而歸,一轉手間,即獲鉅利。自1611年至1640年間,由日本運返歐洲之黃金不下三百萬磅,白銀最少有四百餘百兩,足見當時貿易之盛。(註43)

　　但此種貿易究屬私通性質,為法令所不許者。是以糾紛迭起﹐至1640年(明崇禎十三年)中國政府乃有禁止葡人在廣東貿易之令,澳門

大受影响。(註44)同年,葡萄牙脫離西班牙而獨立, 葡人在菲律賓之貿易,遂爲西班牙所停止。且葡人在澳門與日本之貿易,亦已於前一年爲日本所禁止,故澳門之商業從此衰落。

1647年(順治四年)兩廣總督佟養甲以通商裕國由奏請復許通商,惟仍照前明崇禎十三年之舊制,禁其入省之例,祇令商人載貨下澳。(註45)澳門商業自是復甦,廣州十三行載貨出澳門,與外人貿易,外人之貨物則屯於澳門,藉廣澳商人轉運入省,澳門遂成爲廣州之外港, 爲外船舶停泊之唯一場所,獨霸中外貿易之權。(註46)

1661(清順治十八年)清廷爲封台灣之鄭成功起見,頒行遷海令,將浙、閩、粵、沿海居民遷入内地五十里,禁與外人來往。澳門居民亦在被遷之列,幸得北京德國教士湯若望 (Jounnes Adam schall Von Bell) 疏通始免,(註47)但仍不准貿易。後因葡商重行賄賂,貿易仍得私自通行,影响不大。及1669年(康熙八年)遷海令已遞緩,中外貿易可無阻碍,1684年(清康熙二十三年)撤銷遷海令,特准沿海居民與外人往來,歐人東來貿易者極衆,1598年(康熙三十七年)規定港口船舶丈抽稅則徵泊稅,特予在澳登記之船舶減收三分之一,葡人獨享我朝廷之恩典至大。

自 1717 年(康熙五十六年)我頒南洋航令,中國商航不得往南洋貿易,而祇有澳門葡商不受此限,澳門恢復一時之繁榮,貿易關稅達二萬兩,人口亦增, 葡人亦藉此種之特權以發展澳門商務。惟無論如何已不能享獨霸之權,其他各國商船來粵,多逕駛黄埔,不必泊澳門矣。

1840年(清道光二十年)中英鴉片戰爭,翌二年訂立南京條約,割讓香港與英,開放廣州、廈門、福州、寧波、上海、五地爲通商口岸。澳門雖開爲自由港,惟自此以後,澳門之貿易,遂盡爲他港所奪,一落千丈。

考自十九世紀汽輪利用以還, 海洋交通由帆船時代進而至汽船時代。口岸必須港濶水深,乃能維持海港之地位。澳門蟄居珠江下流,沿岸水淺,勢不能與寧波,廈門等港競爭。況自英人割香港後, 其地港濶水深,加以積極經營, 數十年間已成爲世界一大轉運港, 其地密邇澳門,

相形見拙，自是澳門更冷落不堪。

綜觀澳門開埠三百餘年來，始以獨佔歐亞貿易而全盛，繼因中國日本及西班牙之停止貿易而中落，復因五口通商及香港開埠而畏衰頹。商務日減，人口僅維持十五萬之譜。(註48)交通範圍大為縮小，澳門一名，幾不復聞於富商巨賈矣。然今日之澳門，固昔日繁榮之遺跡，亦將來改造之基石，實有足供吾人考察借鑑者。

遙望澳門，岡陵綿伏，綠林處處，海外漁帆点点，襯映其間，誠一畫圖美境。但置身其中，則見百業衰頹，社會混濁。下環魚欄櫛比，其中已有不少改售山貨，僅見昔日繁榮之跡。青州煙突悄立，士敏土廠早已停工。新馬路為澳門商業中心之區，然類皆規模甚小，無成行成市之貿易，至其他街巷更為冷靜，僅賭場烟館妓寮所在之地，尚感熱開，澳門亦惟有藉此特種事業以維持其城市之生命耳！

民國二十六年，我國對日抗戰後，翌年戰事擴至華南，廣州市及粵省其他各地頻遭空襲，居民多居澳門，澳門商業，頓形改觀。其後廣州失陷，中山不守，避居來澳者益眾，人口激增三倍，達三十萬人，(註49)商場空前暢旺，旅店酒館，熙攘往來，市面繁華熱開，儼然成一世外桃園。運輸行金銀店之增設，如雨後春筍，各學校因戰事關係，遷校澳門者不下二三十所，書店隨而設立，增進澳門之文化不少。惟因人口激增，房屋不敷，物價飛漲，有長安不易居之感。惟沿海漁民，因戰事影响，不能出海捕魚，生活更感懷苦耳！

戰時澳門之繁榮，乃特殊之現象耳，及我國抗戰勝利後，各地復員，澳門則復形冷落，澳門今後究應如何謀其永久之發展？其發展之途程如何？此皆有待於地理上周詳之考察，以求一因地制宜之計劃也。

（註１）　澳門記署，清、印光任張汝霖合著。

（註２）　Trigault,Histoire de L´expedition Ghrestieune au Royaume de la Chine, Lyon, 1616.

（註３）　Wells Williams; The Chinese commercial Guide .H.K. 1363. P.230

（註４）　見馬哥孛羅遊記(Le Livoe de Marco Polo)

（註５）　Historial des Portugueses no Malabar Par Zinalin traduit Par David Lopes Lisbonne 1898.

（註６）　明史滿剌加傳：「永樂元年十月遣中官尹慶使其他………其酋拜里米蘇剌大喜，遣使隨慶入朝，貢方物，三年九月至京師，帝嘉之，封爲滿加剌王。……後佛郎機强，舉兵侵奪其地，………滿加剌竟爲所滅。」

（註７）　1517年安德拉特氏航至中國海上，其首碇之港名曰Tamao(Tamou)，其位置在何處頗値考據，先是1515年有Jorge Alvarls,1516年有Raphael Perestreilo二氏探險航海，曾航至中國從事通商即在此處，又 1518年Simas de Andrade 設营栅之地方，亦在此港，而Martin Affanso與中國艦隊開火亦在此海上，其位置傳說紛紜Danver氏云：係上川島西北岸有名之港口。Voeicelli Montalto 氏云：謂在上川島隣近之下村內，名 Namo Harbour；但據明張燮東西洋考引廣東通志則以 Tamao 在東莞縣南頭，或其附近，廣東名勝志云：「紀事云，東莞與頭城，古之東門鎭，乃中路也，」明一統志云：「在東莞縣南一百九十里上，有滴水巖，一名屯門山，賈耽亦云：「廣州東南行二百里，至屯門山」又嶺外代答，卷三航海外夷條亦有：「其欲至廣者，入自屯門」之句，爲叢昔航海最注意之地，該書卷屯門等溪.「將南頭與屯門併稱，則可瞭然，清代地圖，載南頭沿岸接九龍，有屯門一地，又有一溪，似即籌海圖編之屯門溪，相信此屯門溪，亦即所謂Tamao，籌海圖編卷三云：「舊歲末夏初，風汎之期，縣捕巡備倭等官出海防禦倭寇番舶，動支布政司軍餉糧，僱慕南頭等巖勇兵夫與駕船後生」如前所述，南頭自古則爲廣東之咽喉，又據Danrers 氏稱，自Tamao 至廣東城之距離約十八League (一League約五公里)又從Ueniaga即Tamao至 中國港灣警備任在之一島爲三League，所謂一島者即巴洛斯氏所稱 Manto (南頭)。Danvers 氏精通葡史，且其著作又據印度古書，故頗可信憑，吾人之意所謂Tamao(Tamou) 之位置，大致可知即離廣東省城十八League(即八十七公里)離南頭三League (即十四公里)之海上或海邊地方。

歸納而言，屯門當在東莞縣南海岸，據廣東通志沿海圖，所繪屯門在今九龍青

山灣，又據藤田豐八著，中國南洋古代交通叢考云：「如考 Tamao 爲屯門澳，則因位於急水門附近」

（註8）　名山藏明史稿明竝焦之獻徵錄及茅瑞徵象胥錄均作正德十三年但明代變東西洋考引廣東通志所言爲十二年，「二」與「三」頗易僞，據籌海圖篇：「刑部尙書顧應祥云：佛郎機國名也，………正德丁丑（按卽十二年）任廣東僉事，署海道事，驀有大海船二隻，直至廣東城懷遠驛，稱佛郎機國進貢，卽報總督陳四軒公金臨廣城，以其人不禮，令于光孝寺習議三日而後引見………」顧應祥不僅爲此事之目擊者，且係當事者，是故所言頗足信憑，且又與蒲人所傳甚合，陳金曾二任兩廣軍務總督在正德十年至十二年之間此事發生于陳金氏任兩廣總督之時，則葡人之來廣，其在正德十二年，益臻明瞭，可知吳廷舉立番舶進貢交易法，時爲正德九年。其數經布政使，卽在十一年陞爲副都御史而移湖南者，在十二年。名山藏載廣東左布政使吳廷舉以佛郎機入貢時，欲兼海道副使，以許入貢，時似十二年，且以吳廷舉之在廣東，迄于十二年，故從該年之移湖南推之，葡人之來貢東，必不出正德十二年至于葡使皮萊資 (Pirez) 於正德十二年隨安德拉特至中國，翌年赴廣東，使節及其一行上陸，名山藏僅云，「正德十三年，國王（滿加剌王）蘇瑞媽末 (Sultan Mahomed) 爲佛郎機酋所逐，使三十人者，隨廣東入貢」何以中國藉哉，將佛郎機人入貢之年誤爲正德十二年之原因矣，名山藏之文，「正德十三年使三十人云云」應解爲滿加剌王蘇端媽末之使者，顯非佛郎機之使，然如上文，則其使者爲佛郎機無疑，足以此項記事，滿剌加與佛郎機間，必有混淆，故正德十三年之入貢，實滿剌加而非佛郎機也。至獻徵錄文畧據名山藏，所傳完全爲佛郎機事，故謂正德十三年入貢，于是自明史稿明史，遂相沿用，迄今不改矣。尤自朱執之事件後，一派爲政者，覺有故意將佛郎機作滿剌加之必要，因此明實錄亦不載正德十二年佛郎機入貢之事矣。

（註9）　Morse: The International Relation of the Chinese Empire, Vol. 1, Chap. 1II「………1920年准其入互市。」

（註10）　H.Bernard, 天主敎十六世紀在華傳敎誌：「柏來斯 (Peresde. Andrade) 1917年泊於南頭，衆人皆以此地常遇暴風，駕駛往往極難，莫若自備倭督請求一富有經驗之水手相助，柏來斯却聲稱將以自己之經驗，駛入廣州，九月至廣州澳口，旌族招展，從前公使到來，未有如此大場面，時柏來斯爲人溫良熟禮，委任官多麥壁來 (Thome Peres) 携帶行李至懷遠驛，惟 1518 年九月柏來斯被調回麻六甲，派西家柏來斯 (Simon Peres) 代替，此人强橫傲慢，欺官無禮，並在上川、屯門搆置告柵，修築

懘疊，或奪貨物，或掠子女，暴行彰明，謂之西蒙(Simon)事件。1520年(正德十五年)
御史何鰲等上奏，下令逐其出境，1521年九月柏來斯因葡人暴行囘到廣州，又受連
累，與多名葡籍俘擄一同入獄，其餘葡人則被逐於境外。」又中國南海古代多通叢
考：「正德十五年，(1520年)御史何鰲等之上奏，遂命令驅逐在澳之番船，乃番人潛
居者，彼等陝中國艦隊包圍於Tamao(Tamau)僅利用風勢，逃囘滿剌加。」

（註11）　天下郡國利病書：「…………自是海舶悉行禁止，例應入貢諸蕃，亦鮮
有至者，貢船乃往漳泉，廣州市貿易蕭然，非舊制矣。」

（註12）　廣東督臣林富更言；「許佛郎機市有四利焉：中國之利，鹽鐵爲大，
山村水氣，仡仡終歲，僅充常額，一有水旱，勸民納粟，猶恐不改舊規，蕃船朝貢之
外，抽解俱有則例，足供御用，利一也。兩廣用兵連年，庫藏日耗，藉以充軍餉，備不
虞，利二也。廣西一省全仰廣東，今小有徵發，即指辦不前，科擾於民，計所不免，若
異時蕃船流通，公私饒給，利三也。貿易舊例，有司擇其良者，如價給之，其次資民買
賣，故小民持一錢之貨，即得堰椒，展轉交易，可以自肥，利四也。」

（註13）　澳門記畧；「唐宋以來，諸蕃貢市，領之市船提舉司，澳門無官也，正
德末，懲佛郎機頻歲侵援，絕不與通，嘉靖初，有言粤文武官員侔以蕃舶代貢，請復
通市，給事主王希文力爭之——其重邊防以甦民命云「………且如蕃舶一節，東
南地控夷邦，而暹羅，占城，琉球，瓜哇，渤泥五國貢献，道經東莞，………故來有定
期，舟有定數………占城諸國來朝時，多帶行商，驗行詭詐，故力阻之，自洪武八年
(1375年)至洪武十二年方且得止，………正德間，佛郎機匿名混進，烹食嬰兒，擄掠
男婦，設柵自固，火銃橫行，犬羊之勢莫當，狼虎之心叵測………」

（註14）　香山縣誌：「浪白澨在香山澳(即今澳門西迤南九十里，在黃梁都六
十里……昔番舶藪，今已淤淺，不能停舶」，明嘉靖四十三年廣東御史廳尚鵬上奏
云：「每年夏秋間，夷船乘風而至，………往年俱舶浪白澨澳。」

藤田豐八，中國南海古代交通叢考：「葡人寫浪白作 Lam pacao, Lampakao.
Lampaco Lampacan Lampazau等，最後之 z 或爲 c 之誤未定，即浪(Lam)泊(Pac.Pak)
澨澳(ao.au)今地圖於澳門西約十英里(十六公里)海上有名浪白灣者，大林及鷄心
洲等環之。

香山縣誌：「文灣(今地圖作晏灣)在十城(斗門)之南六十二里大海中降靜秀
緯，與連灣山對峙，中界浪白澨，自成一港灣拱如門，有鷄心洲收束其勢，山橫列如
城，埋廣三十餘里，內有村落，明正統間，佛郎機夷泊居浪白之南水村，欲成埠，後爲

有司所逐」今香山縣誌輿地圖中黃梁都圖及三灶鄉二圖均有「浪白滘」地名。

又香山縣誌海防：「浪白爲兩口總滙，有汎隸香協在營，浪白澳在澳門西，西南九十里在黃梁都西南六十餘里，鷄心洲當其南。

據 H. Bernard, 天主教十六世紀在華傳教誌第四章：「1555年八月三日，巴來力斯在上川島東北向相離四海里之浪白滘島(Lampacao) 遇見葡國水兵及商人等共約四百人」。

據籐田豐八，中國南海古代多通叢考：「葡人自被逐於寧波之後，先則以浪白澳(Lampacao)爲根據地，後移香山澳，即濠鏡澳。………迄嘉靖三十三年 (1554)葡人始獲中國官塲之允准，得公然泊於浪白澳與廣東省城通商」。

又龐尙鵬劃濠鏡海安保疏云：「往年泊浪白等澳，限隔海洋，水土甚惡，難以久駐，守澳官權令搭蓬棲息，迨船出洋，即撤去，近數年來，始入壕鏡澳，築室以便交易，………」可見浪泊滘距澳門實甚近，據著者勘查近代地圖，浪白滘之位置即相當於中山縣南部海島中南水與北水二島中間之港灣，今已淤淺，泥灘盡露，幾與中山斗門乾霧鄉相連矣。

(註 15) M. de Jesus Historic Macao 1902 Chap. II, P. 18: "In vain, the Chines Government sought to win over their redoutable chieftain by every possible mean. After ravaging several towns in Fukien, the brigands in 1557 moved southward Causing great consternation at China.

According to the records of Macao, the Portuguese at this conjuncture attacke and destroyed a great number of the pirates, disloding them from their fastness at Macao, whence the survivors of the horde took refuge at an Island, Since then denominated Ilha de Ladroes. By this feat of arms the Portuguese acquired possesswion of Macao. The signal services rendered by them were reported to the emperor who expressed his acknowledgment, sending their commander a de ouro. In ther same year——1557—— the mandarins of of Canton obtained imperial sanction for the Portuguese to establish themselves at Macao. This emperor confirmed documents which were subsequently recorded in stone and Woodwork at the senate —— the house of Macao."

據 Fariae sousa 及 Semedo 二氏均謂 澳門 本爲海盜窟，而葡人應中國之請且附以容許彼等居留其地爲條件，將海盜掃蕩，彼等遂擇一地，造厗劃市。Historical

Macao P.24 及 Semeds: the History of the great and Renowned Manarehy of China Part II. Chap. I P. 168）又據Halde氏將海盜名傳出稱爲Tchang Si Lao.橫行於廣東海上，遂取Macao.圍省城，皇帝因而詔此等商人，給與 Macao. 彼等遂得留居此地。(History of Chine Vol. I, P. 251.

關於佔據澳門之情形 Faria e Sousa及 Semedo 與 Du Halde 氏等對於此事件之年代均無明言，另一方而，關於 1557年葡人之留居澳門，Pinto 氏未嘗言及驅逐海盜事而得留居澳門，實葡人捏造耳，此事在澳門史上，中葡外交史上爲最重大之事，查 Ljungsledt 氏所言依據中國紀錄如明史，澳門紀畧及廣東通誌等，不僅不能使葡人首肯，然則Faria e sousa 等所傳毫無錯誤耶，此又不然，吾人相信，多是少非，其錯誤不在此等史家，實在後世之葡人，卽將Pinto及Faria e sousa 等所傳記之事，視爲同年發生之同事件也。考嘉靖年間葡人援助中國政府且助圍粤官吏，討海盜 ，凡二次：

其一發生於嘉靖二十六年左右，見嘉靖二十七（或二十八）年林希文與翁見愚別駕書其文曰：「 ……佛郎機之來… …與邊民交易………慮海盜剽掠累已，爲我驅逐，故羣盜畏憧不敢肆，强盜林剪橫行海上，官府不能治，彼則(佛郎機)則爲我除之，二十年海盜一旦而盡，…… 」可知海盜橫行海上約爲嘉靖六七年至二十六七年之事。

葡人之平息海盜，是否事實，尙待詳考，卽或事實，是否爲中國之請求，尤無實據，蓋葡人之來，爲其貿易之安全計，自當有自衞之力量與需要，或非純爲我之請求，蓋當明季，我以一堂堂之大國，謂其肯與此一陌生之外夷請求平息海盜，自難置信，其時葡人尙未與我親近，未入澳居住，我亦安得請其平海盜乎？

平息海盜第二次爲嘉靖四十三年(1564年)發生於拓林海兵變亂事件，於王笥山堂集云：「兩廣軍務提督吳自湖桂芳令兪大猷謀之，獲居留澳門葡人之助，討平之」但中國史籍僅據兪大猷正氣堂集十五卷有「處拓林叛兵」之句及致吳桂芳集兵船以攻叛兵一書云：「叛兵事決爲攻剿之闓……香山澳船(按爲葡船)猷取其舊熟，用林宏仲者(似葡人之華名)數船，功成重賞其夷目，貢事已明諭其決不許，……卽分發差人分發澳船(卽葡船並南頭白石船船赳日齊至合攻，)又吳桂芳上奏此役中兪大猷的功績文中有「撫商夷以助折衝」之句可知葡人亦曾參加此役，惟其時在嘉靖四十三年，以年代與地域上言，不能與上述混爲一談。此外，並未聞爲剿滅海盜，我國請助於葡人之事。卽以此次而論，葡人亦僅受我之命令，聽我之分賞，見於大猷明言，貢事已明諭其決不許」可見並無以土地爲酬勞之意。且若如葡人所傳，

嘉靖年間之香山，實爲賊巢，嘉靖三十三年秋，兪大猷在其論鄧城可將書中有云：
「今秋香山賊，雖流遁失勢，人知不死，似玻實堅，向無鄧城衝其心腹，難散其黨，
恐未可垂手而取也。籌海關編云：「嘉靖三十三年海寇何阿八等引倭入寇，提督侍
郎鮑公象賢總兵定西侯蔣么傳等討平之。」又云：「先時亞八與鄒宗與等潛從
佛大泥 (Fatani) 國，引番船于沿岸劫殺。」所言番船街指倭寇，而葡人乃爲其黨徒，
故謂其嘗爲中國官兵擊賊，頗難置信，且其年代在嘉靖三十七年之四年前而葡人尚
未獲通商浪白澳之允准也。

（註16）　明史外國傳。

（註17）　明時指西葡國人曰佛郎機 (Frank) 見明史佛郎機傳：「佛郎機近滿
刺加，正德中據滿刺加地逐其王。十三年遣使臣加必丹(Capitan,) 或爲船主之意，非
專使之名)等來貢方物請封，始知其名。」

佛郎機相當於西名 Fran chi，係间民加於歐洲天主教徒之名稱，然在我國文字
內因無(r)音，不得不以 (K)代之，而形成「郎」音，隨將 Fron chi 讀如 Folangki,
今仍之(R. 1. 108 Eia 211)

．佛郎機，東方海上諸國人呼人西一般稱Frank, 此在宋元時旣然，嗣後，因近世
葡人航至東方，逐特稱以葡人，據 Barros 氏云，當時東方人已如此呼葡人矣 (Asias
Decala111,LIVVJ, Chap. 1, P.7)

（註18）　明史外國傳及澳門記署官守篇，

（註19）　據强克斯脫 (Triganlt)之中國基督敎傳說敎史及 M. de. Tesus之 His-
toric Macao 二書均謂葡人於 1557 年入居澳門。惟據澳門記署載則爲嘉甯三十二
年(1553年)已許葡人入居。

（註20）　據 Du Haede 氏謂關於海盜圍攻廣東省城之紀錄，僅有嘉靖四十三年
之事件，苟 Faria e Sovsa 與 Semede 氏所傳之內容推之，彼等所言必係關於嘉靖四
十三年) 之事件，故無發生於1557年(嘉靖三十六年之理，實際彼等所言，乃嘉靖四
十三年海兵叛變之事件，其記事總有若干錯誤，但大致與中國紀錄符合，彼等又謂
此事件之結果，葡人遂於澳門興屋成市矣。兪大猷之書，亦言葡船爲香山澳船，又云
「南夷用强梗法，蓋屋成村，澳官姑息，已非一日」。又如前述，經一年後，龐尙鵬
上疏亦云：「近數年來，始入濠鏡澳築室，以便交易，不踰年多至數百區，今殆千區
以上」由上觀之，在海兵叛亂，葡人援助官兵之嘉靖四十三年，葡人在澳門之聚落，
必有五六百戶之多，觀兪大猷之書：「功成重賞其夷目，事已明諭其決不許云云，

由此文意推之，確有出兵之條件，葡人必要求貢事，而兪大猷直接間接任制斷之責，然當時軍官缺乏兵艦，而省城亦告急，從此再推之可疑其詐稱朝廷不許，而向外人實卽許之，以塗一時，兪大猷不能保無此事，何況所謂貢事，由表面言，其義爲貢北京朝廷，然實卽欲籍朝貢，以求朝廷公認對其留澳門之已成事實，故東廣當局雖爲一時糊塗政策，但終亦許之，葡人似亦作如此之推測。此見龐尙鵬嘉靖四十四年下疏中：「不踰年，多至數百區，今殆千區」云，其居留人急速之增加，亦可作如是觀。於戰事後葡人恃功恣橫，而兪大猷乃藉此驅逐彼等，此間似有秘密之事，相信兪大猷等因一時權署，先許葡人留居澳門，而葡人乃認爲公然之允許，於是兩者之間，遂發生不同之見解，當時如果葡人所傳給與割讓澳門之救許金牒（Quin Chao chopa de ouro）則必係吳桂芳及兪大猷所僞造，爲中央王帝所不知者，惟因廣東遙遠，地方官吏之秘密中央無從探知，何況彼等與外人間之事乎? 據上述之見解，嘉靖四十三年兵叛事後，葡人乃獲功而公許居留澳門，惟事實葡人之居於澳門必早在嘉靖四十三年前。

　　龐尙鵬嘉靖四十三年奏云：「往年俱泊浪澖等澳，限隔海洋，水土甚惡，難以久駐，守澳官權令搭蓬棲息，迨船出洋，卽撤去，近數年。始入濠鏡澳，築室以便交易」兪大猷云：「商夷用強梗法，蓋屋成村，澳官姑息，已非一日。」此二根據較近事實。據Pinto言1557嘉靖三十六年）彼等移泊濠鏡過冬，並作久住計，但實際上獲居住之允許，（縱令地方官吏之糊塗政策，）似在嘉靖四十三年。其實官府之允准及實際上居住時期各異至少亦已隔數年，（嘉靖三十六年至四十三年）總之Pinto氏所傳，爲葡人最初居留澳門之情形，與中國所傳畧爲符合，而葡人亦自謂爲該年（1557年）成立其於遠東最早之殖民地有 「The Oldest foreign colony in Far East, Founded in 1557」句，於其 Macao Guide Book 封面中最 顯著地位，若謂由嘉靖四十三年海兵叛亂葡人出兵，後以功獲居留澳門之允許，此以與中國所傳，亦復符合。其實此爲年代不同，事情各異之事件，不宜混淆。

　　葡人入居澳門之年代究爲何時，吾人可追蹤一問題較爲正確，卽葡人在浪白港通商繼續至何時始移澳門。據1564年（嘉靖四十三年）廣東御史龐尙鵬撫處濠鏡澳夷疏中有云「往年俱泊浪白，限隔海洋，水土甚惡，難於久駐，守澳官權令搭蓬棲息，迨葡出洋，卽撤去，數年來，始入濠鏡，築室以便交易。」據此則葡人殆於 1564年（嘉靖四十三年）以前之數年內，次第移離浪白港而至澳門，所可知者，惟此而已。據周景濂:中葡外交史，澳門地租起源一節云：「據此奏云（嘉靖四十三年龐尙鵬上奏）

龐認葡之佔據澳門，實爲隱憂，故前年即有人倡縱火焚其居室之論，而龐則主張撤
其屋宇，命其隨船往來，悉遵舊例，可知在嘉靖四十三年前，葡之居住澳門尙屬私性
質，葡之繳納地租於中國至少在嘉靖四十三年之後也。」

H. B. Morse, H. F. Macnair : Far Eastern International Relation "On the ques-
tion of jurisdiction it is on the record that prior to 1587 a Chinese Official had been
comissioned to govern the city in the name of the emperor. He resided in Macao-
and decided all cases in which Chinese were involved. The Heungshan Hieu (香山
縣)himself held court within the limits of Macao. As late as 1690. In 1744, a special
deputy was assigned to the Heungshan Hien for the Macao business. and in 1800 the
official began to reside and exercise the jurisdiction in Macao. In 1749 the
Portuguese signed a convention in which it was provided that, in cases of homicede, a
Chinese official should sit at Macao as coroner, and that he should then transmit
the evidence to Canton for final judgment, it was also provided that no houses quays
or forts should be built or repaired in Macao without a permit issued on receipt of
the requsite fees by a Chinese submagistrate. The latter provision was abrogated
by Kiy ing (耆英) in 1843."

(註21)　據 H. Bernard : Aux Portes de la Chine les missionaire dn XVI. Siecle.
(蕭濬華譯；天主敎十六世紀在華傳敎誌第六章雛形時代之澳門商埠) 1674 年，中
國當局，靠土腰的最窄處蓮花莖，築起一道高牆，中門留一處大門，門上置有崗警，
大門每隔五日放開一次，除規定時間外，門上貼有六道封條，上面所寫的中國字是
「孚威戴德」。

澳門記畧：「出南門 前山)不數里爲蓮花莖，⋯萬曆二年，莖半設闗，官司啓閉。」

又「闗建於萬曆二年，爲樓三間，官司其啓開，康熙十二年(1673)重建，并設官
廳於旁，以資成守。每月給夷人米石，訖卽閉。」

Hosea Ballon Morse and Harley Farnsworth Macnair: Far Eastern In ternational
Relations: "In 1557, by means of Customary pecuniary inducements permission
was given the Portuguese to erect sheds, to dry and store cargo on the desert island
of Amakare——Macao.——the port of goldess Ama " island is actually a penisula
and in 1573 the Chinese authorities built a wall across the norrow isthmus, with one
gate as sole ingress, the reason assigned being the prevalence of kidnaping. It was

only by constant bribery that the Portuguese could maintain themselves in Macao."

（註22）　關閘以南之望廈村，明時爲中國地，乾隆八年澳門縣丞由前山寨至駐望廈村，管理澳門訴訟，至光緒十六年（1890年）猶屬我之主權。

（註23）　香山縣誌附記：「夷所居西北枕山，高建圍牆，東南倚水爲界，小門三：曰小三巴門，曰沙梨頭門，曰花王廟門，今俱塞；大門三：曰三巴門，曰水坑尾門，曰新開門………」

（註23）　澳門舊日界址考蹟，據著者勘踏探考所得，認爲葡人佔築澳門之舊城牆係自東望詳山頂醫院附近之天文台西側起，下山經水坑尾細井巷（即俄國麵公司處）上大炮台山，接連大炮台，復下山包括慈幼院繞經白鴿巢公園之北邊，經三巴圍包括營地街，在通天街上經紅窗門過萬里長城，在媽閣廟後沿西望洋山西坡迄西環竹仔室，今有葡人砲台，逼岸而立。另一界址見於高樓街萬里長城之東南竹仔室正街及竹仔室橫街，沿西望洋山東北坡及東南坡盡於海岸今網球場附近，或與前者兩相接合。（見附圖4及照片4）

沿此舊牆界，今日發現遺跡數處：　其一爲天文台西側之舊日坭牆遺跡其二爲細井巷（今俄國麵包公司後背有遺跡之舊城一小段；其三由大炮台下白鴿巢處尚有遺牆數隅；其四白鴿巢公園之西側今亦有遺牒；其五爲大三巴圍，今尚有城牆大磚。至界線之實地証據若有下列各項：　一，北邊水坑尾域牆之北地方昔日概屬我國村居之地。二，西邊城牆之外，昔日盡係海邊，後堆積而成平地爲今日之市街。三、在望廈龍田等地今有亞馬喇路美副將路，在北邊花王堂門以北，有得勝馬路，連勝馬路，亦爲新佔地之反映。四、全澳最古之建築物爲媽閣廟，遠在葡人東航之年代已建立，大巴圍外昔爲我國一縣丞所在，有一關卡，故有關前街之名，鏡湖醫院，觀音堂，蓮峰廟，康公廟，係我國之建築。

（註24）　據香山縣誌海防篇：「關閘五里爲望廈村，　縣丞分駐其地，由望廈西南三里爲澳門，其地周一千三百八十餘丈，因山勢高下，築屋如蜂房蟻蛭者澳夷之居」

（註25）　見同治元年七月十六日（1862年八月十一日）總理各國事務恭親王等奏：（咸同治朝籌辦夷務始末卷八頁九至十一）「查廣東澳門地方，自前明即給與大西洋國人居住，歲輸地租銀五百両。該國人在彼營生，素稱安分。嗣於道光二十三年具呈請給地租，並請自關閘至三巴門一帶地方，俱歸該國撥兵把守。經前督臣耆英等駁令仍照舊辦理。至二十九年英國滋擾之時，該國又復乘隙率兵，釘閉關門，驅逐

丁役。雖經前督臣徐廣等飭令在澳華商全行遷出,改於黃埔開市,並未據報全復舊章。就此情形而論,始則求免此租,撥兵把守,繼則籍端入寇,毀釘關門。該國情形遂漸驕橫,已可概見。今乃居然呈遞照會,懇請換約通商。臣等慮其無知妄作,過肆要求,以至多滋饒舌。因於與議條款之初,即告以澳門必須仍為中國設官收稅,並每年應輸地租萬金,方與議立條約。臣恆祺等因持此議,與該公使辯論月餘,總以澳門係前明給與伊住,迄今已二三百年,不應索還,反覆狡辯,矢口不移。嗣經哥士耆從中調處,始言中國仍在澳門設官,而納租一節,彼此俱置不論。

　　(註26)　望廈在澳門北部,松山之西北及蓮峯山東部之地,向屬我土,昔有竹林一道為界,內外甚少往還,1843年(道光二十七年)竹林開花,盡行枯死,乃互見虛實,1848年葡人關佔我望廈,強制取消中國關稅,是年澳督 Ferreira do Amaral 領兵入攻望,廈引起士人之憤激,有沈米者,聚眾抗拒,計撒豆于路上,使葡兵馬蹄翻跌,事果,以鐮刀砍 F.do Amaral 下領,F.do Amaral 帶馬負傷奔至蓮峰廟左側與蓮花塋路間大石陷馬而死,(今葡人刻「1848」年代及一國徽於此大石上以紀念之)當時,沈米進斬其首級,獻于廣州。其後葡人與我提出交涉,我積弱畏事,寧治沈米死罪,後葬於前山。翌年,(1849年)其副將 Misquita 繼任,藉口領兵(二十八名)攻佔望廈,北至關閘北嶺,無敢抗者。今在澳門南環新墳口海岸有 F.do Amaral 銅像,跨馬作墮地狀。(以前放存于媽閣廟附近之船塢內)在議事亭前地有 Misquita 銅像,拔刀怒視狀,今松山北麓至螺絲山之新開路葡曰 R. Ferreira do Amaral,山迤峰廟至關閘之蓮花塋路,葡稱曰 Istmo Ferreira do Amarral,望廈大道,葡人改稱曰美副將路(Averida coronel Mesquita)

　　H. Bal. Morse and H. Farns. Macnair : Far Eastern International Relation: "The Portuguese claimned for Macao as independence of Chinese juridiction which the Chinese government, until 1887, never admitted. Rent, a full recognition of sovereignty, was paid to the Heungshan Hien (香山縣) from the very beginning until governor Amaral's coup d'etat in 1849."

　　(註27)　香山縣續志卷之六:「咸豐年間,葡人佔築炮台于西沙嘴。同時西沙相連之氹仔地方,舊有舖肆二百餘,居民百餘,亦被強佔,且編門牌。建捕房兵,房界教堂」

　　(註28)　同前:「同治二年,葡人強佔塔石、涉岡、新橋、沙梨頭、石牆街等村居民數百家,設馬路門牌,(澳門最早之路)毀租界舊牆即1662年明天啓二年葡人自建之

地百牆界。」

（註29）　見同治三年七月總理衙門給大西洋國使臣照覆（見夷務始末卷二十七，頁30至31「爲照覆事，七月二十日（八月二十一）接准貴大臣六月二九日（八月一日）來文，……再澳門地基，向以三巴門爲界，近日有人自澳門來，言及前數間，貴國人竟將三巴門以外之地侵佔數里。亦應早爲清理，將侵佔之地，歸還中國，方始和睦之誼。想貴大臣意在和好，定不存侵佔之心。今貴大臣既情願互換和約，希迅速前來天津，彼此互換。至于應議各事，亦卽查照貴大臣前此預言明之意于條約互換後，再爲理論明晰，以免互相生疑可也。」

又見同治三年九月大西洋使臣照覆（見夷務始末卷二十九頁 13.「……爲照覆事………來文又稱澳門他基，向以三巴門爲界，及前數年間貴國人竟將三巴門以外之地。侵佔數里，兹要將地歸還中國等語。查大西洋人自來澳到今，居住到徑澔地方爲止，萬歷二年（1574年），在徑澔設立關閘爲界。道光二十九年。澳門執政者令拆去該戶之門。但西洋人未有越于門外居住。來文所提三巴門并一連之牆在天啓三五（1623年至1625年）始建此等圍牆，是爲保護地方之用，并非爲界，其界先經有矣，以上各層，一一解明。今貴大臣既願本大臣前往天津，彼此互換和約。准希依本大臣所解第九欵明言則互換可也，爲此照覆。」

（註30）　據香山縣續志，廣東名勝史蹟 P.195 之關閘門口所記，1849 及1387字樣………」著者意，其一卽 Mesquita 蔣詞攻佔望厦關閘之年代，其一爲光緒十三年草約之年代。

（註31）　據香山縣誌：「光緒五年葡人佔龍田村，九年葡人編龍田望厦二村戶籍，又開馬路，設捕房于望厦。」

（註32）　據王月波等編中外條約彙編，（商務版）中葡會議草約四條，一八八七年三月二十六日（光緒十三年三月初二日）簽訂：「大清稅務司金登幹大葡外交部大臣巴馬果美，因各奉有旨，將會議之件押之爲據，第一欵：一定準在中國北京卽議互換修好通商的，此約內亦有一體均霑一條。第二欵：一定準由中國堅准葡國永住管理澳門及屬澳之地與葡國治理他與處無異。第三欵：一定準由葡國堅允若未經中國首肯，則葡國永不得將澳地讓與他國。第四欵：（畧）清光緒十三年三月初二日，西曆一千八百八十七年三月十六日。在葡國京都畫押巴羅果美之押。

　　按：該草約四條僅由我方稅務司與葡國外部大臣押爲據，并不經批准手續，自稱草約，當然不應有普通條約効力。

（註33）　同上，中葡條約五十四欵1887十二月一日（光緒十三年十月七日）簽約，1888年四月二十八日（光緒十四年　月　日）互換。第一欵（署）第二欵：一前在大西洋國京都理斯波阿所訂預立節署內大西洋永居管理澳門之第二欵，大清國仍允無異，惟現經商定，俟兩國派員妥爲會訂界則再 行訂立專約，彼不得有增減改變之事。第三欵：一協在大西洋國京都理斯波阿所預立節署內大西洋國允准，未經大清國首肯，則大西洋國求不得將澳門讓與他國之第三欵，大西洋國仍允無異。第四欵至四十五欵。（署）第四十六欵：一此次所定之稅則并通商各國，日後彼此兩國欲重修，以十年爲限，期滿須于六個月之前先行知照酌量更改，若彼此未曾先期聲明，則稅課仍照前章完納，復俟十年再行更改，以後均照此限此式辦理，永行弗替。」

按：此約于 1862 年（同治元年）卽已議定，當時未經互換，及至 1887 年（光緒十三年）中葡會議草約，許以永久管理澳門，但不得讓與他國，乃訂是約。此約經我國外交部于民國十七年 (1928年) 七月六日照會葡使聲明此約于 1928 年四月二十八日第四次期滿，應卽作廢。至關于關稅及領判權部份并另訂中葡友好通商條約以替代之。

（註34）　香山縣續志：「………與立草約，張之洞督粤，抗疏力爭，有七可慮五補救之條陳，于租界一欵籌策尤備，草約內有：「澳門界址須俟兩國派員妥訂，另立專約，未經協定以前………一切照舊而動，不得增減改變。」

（註35）　香山縣續志：「十六年葡國佔青州島，…… …後又據氹仔路環兩島。………「十三年（?）………是年正月，葡人入逼索望廈等村燈費及地租，又至北山沙尾等處編列門牌，村人鳴鑼號衆，葡懼却走。」

香山縣續志：「澳門海道自前山造貝嶺之石龜潭河面起直達澳門馬角口分界，以東北爲前山營管轄，以西而歸香山協營管轄。二者全屬中國領海，不在澳門租界內… 惟葡人初則侵入銀坑，繼之，而以澳門灣仔之海面爲公海。同年葡復去海中心之浮樁，直欲認爲領海。」

（註36）　見續香山縣誌：「光緒三十三年葡欲增闢馬路，焚燒龍田村民居三十餘家，逼遷家具，違者毆打，事後署補屋價，託名購取，居民遷徙流離，莫名其苦。」

（註37）　香山縣續：「是年（光緒三十三年）六月十三日葡兵忽至灣仔，强漁船入澳。灣仔與澳門相峙中隔一海，以海滙爲界，漁拖各船，向泊于此，至時葡越界張貼告白，限于十五日回澳，逾期充公，復在海面改設水泡典史守備………是年葡人又勒收人情紙，始得灣泊，灣仔留醫院爲我國葡商創建，葡派醫干涉，病愈者非葡

給照，不得出院。」

（註38）　1908年（光緒三十四年）一月，日本兵船二辰丸密運軍火於我國，泊于澳門附近之過路環（卽今路環）東方二浬地，爲我國軍艦所捕獲，日人强認此係葡國海岸，中國無權拘捕日船，葡亦受日人從陰唆使，乘此機會爲擴張領土之藉口，向我爭論，我政府後釋二辰丸，備價二萬一千四百元收買扣留之軍火，且允以賠歉，道歉，懲辦官吏諸條件，自是葡人藉勢欺我，于境內趕築兵房，我則派兵駐守拱北，形成對峙，終于雙方派員勘查界址。

（註39）　香山縣續志：「雲南交涉使高而謙奉命勘界，邑人（中山縣邑人）開勘界維持會。又粤省紳士在粤城開廣東勘界委員會，另設一分會于香港，接洽商界，時粤督張人駿有簡派專使勘界之命，葡公使深嫉之，照請外務部查禁，部覆云：「粤省士紳設立勘界維持會，係爲研究澳門歷史，搜查租界證據，不涉他事，宗旨正大，萬無解散之理」………高使（而謙）蒞粤，在港與葡使馬沙度開維持會議……中國劃界，時逾數月，會議九次，葡使索欵五項：（一）澳門連島媽祖閣直至關閘（二）自關閘至北山嶺一帶爲局外地（三）內河流卽是內港水界（四）對面山青州迷仔、過路環、大小橫琴等處及附近一切山島。高使未能力爭，遷延日久，維持會憤事不遂，返省另圖，高使飭前山分府莊允懿香山縣令錢保壽赴省陳述意見，立候取決，有三問題：一曰和平辦法，盡從葡人所索；二曰交黑城（海牙）會議；三曰決戰。總會遣會駁覆，用是未劃押，卒至停議。」

（註40）　見澳門記署官守篇及 M. de. Jesus Historie Macao. Chap. IV. p.52

（註41）　是約經我外交部於十七年七月六日照會葡使，聲明據約於是年四月二十八日爲第四次滿期，應卽作廢，

（註47）　據 Ljungsiedt

（註43）　據Kampfer: History of Japan
1903 Glosgou Vol, 11.P, 216

（註44）　1937 年澳門派遣委員六人赴廣東地方政府請求恢復葡人在廣東貿易，不得採納，廣東地方長官反奏於帝，謂葡人慾望無饜，不過一毛之地之澳門，乃亦固以堅壁，守以悍卒，儼然如敵國，以後對於澳門之葡人，禁止其貿易，帝王准其請，乃於1640年（崇禎十三年）諭旨到澳，（見强克斯脫：中國葡萄牙殖民史）

（註45）　粤海關志卷二六「夷商」條。

（註46）　澳門紀署官守篇云：「洋船到日，海防衙門撥給引水之人，引入虎門

灣,泊黃埔,一經放行,卽着行書通事報明,至貨齊囘澳時,亦令其將某日開行預報。」

又張甄陶,制澳夷狀:「凡關部之例,各番船俱由東莞虎門入口,卽時赴關上稅,每番船一隻,上稅二三萬金不等,惟澳夷之船,則由十字門入口,收泊澳門,幷不向關上稅,先將貨搬入澳,自行抽收,以充番官番兵俸餉,又有羨餘,圍解囘本關。至十三行商人赴澳承買,然後赴關上稅,其所稅乃商人之稅,與澳夷無與。又則例甚輕,每一船不過收稅三四千金不等,故澳夷得住澳之後,震誇諸關,以澳門地闊爲寶」。

又見譚彼岸:近代中國經濟史稿本,一口通商,澳門之通商管理,「澳門在初期通商的地位,是負有商人載貨下澳貿易卽停泊所的任務………船先泊澳門,卽赴澳門關知官署報告,領取印證,納費三百二十五両至四百両,請翻譯及引水人,另雇小艇等 ……查外洋夷船向係五六月收泊進口, 九十月揚帆歸國, 間有因事住冬,於洋舶出口後,亦往澳門寄住………」

(註47)　Jesus Ibid:Historie Macao. P.102

(註48)　據澳門年鑑 1939. Macao, A Handbook, Publicshcd by Publicity Office Harbour Works Department;

(註49)　見民廿八年四月廿七日香港大公報載:「據澳門人口因戰事影响,逐增漸加,據最近調查所得:1936年度,本澳人口不過一十二萬,1937年度已增加四萬四千五百二十八人,迨至去年(1938年)增加至二十四萬一千九百四十五人,現在本澳人口統計共達三十餘萬人,對海之潭仔及路環兩地人口,亦有增加,惟未知實數。」

照片 7　松山東岸之海岸

（繆鴻基攝）

白鴿巢公園　　　摩囉園中　　　摩囉園內
之副熱帶植物　　之攀緣植物　　之椰子樹

照片 8　澳門之植物　　（繆鴻基攝）

香港・澳門雙城成長經典

第二章　　地理環境

第一節　　位　置

　　澳門爲珠江三角州南端之一小半島，地當東經 113°32′48″ 北緯
22°11′51″(註1)緯度甚低。

　　就位置(Situation)言，居我國海岸之南緣，爲昔西歐、印度洋、南洋
等地至遠東航路必經之地，乃我國古代海上交通之前哨。自印度洋南洋
至日本者，均以此爲一踏脚石，爲中外貿易之橋頭。其北接連大陸，與
内地相通，水運至便，位置至爲優越。其形勢言，(圖2)居珠江口之西，東
隔伶仃洋與香港相對，共扼珠江之出口；北接珠江三角洲，其間地勢低
平，河道縱橫，交織成網；西鄰磨刀門，爲西江幹流之出口，其一河汊濠
江，流經半島之西，與對岸中山縣之灣仔山地，一衣帶水；南面汪洋，島
嶼環列，右爲小橫琴(舵尾)、大橫琴島，左爲氹仔路環島，整列海外，形
如棋子，其間水道縱橫，有如十字，形勢優勝。且澳門地居珠江口岸，與
廣東各大都市接近，東距香港約七十公里，北距廣州約一百公里，距中
山縣之石歧約四十公里，西北距新會縣之江門約六十公里，(註2,圖2)
其間水道之聯絡，極形便利，彼此之交通素稱繁密，惟三角洲水網地帶，
與廣州市陸道之聯絡，不免較爲困難耳。

　　就地址(Site)言，澳門半島與大陸連接，其西岸爲内港，面對灣仔，
其間風浪平靜，最適宜於帆船之停泊，中外貿易，早見繁榮。惜以澳門半
島墊居西江下游，西江流經兩廣山地，至廣東三水縣，匯北江而南流出
海，其流域所經，大部份岩石，在華南高溫多雨氣候之下，風化甚烈。河
水夾帶泥沙甚多，至河口三角洲，地勢平坦，水道分歧，流勢鋭減，盛行
堆積。澳門邇近磨刀門水道(僅十五公里)且其排水支道濠江，繞中山
縣之南屏前山經澳門西岸出海，軼澳門實深受西江冲積之威脅，沿岸盛
行堆積，每見其間水色深黄，飽含泥沙，堆積力甚大。泥灘廣闊，海岸日

淺,不能容大洋輪舶之出入,此實爲澳門港口發展之最大阻碍。若香港則不然,位於珠江口外之東,遠離磨刀門,港闊水深,極有利於海洋交通之發展。

　　澳門與香港同爲珠江口岸之港口,相距僅七十公置,惟於位置上,澳門港口,遠不及香港之優勝。溯其開埠,遠在三百年前,當澳門商業鼎盛之時,香港尚爲一荒島,惟自1842年(清道光廿二年)英人闢港以來,前後一百年間,香港商業已駕凌澳門之上,此固由於英人積極經營,而澳門則人事未臧所致,然地理位置勢力之影响亦甚重大也。

第 二 節　　地　　形

　　澳門爲一小半島,登高俯瞰,全島盡在目中,(見封面圖)其形如靴,自東北斜向西南,正與華南沿岸山脈震旦走向(Sinian direction,註3)之方向相同,島中之山脈與海外島嶼之分布亦如是,半島南北長而東西狭,南北長約四公里,東西寬約一至二公里,全島面積,因逐漸填地,現巳增至六平方公里(註4),半島北部爲一土腰(Tombolo)有如頸狀,稱曰蓮莖,(註5)連接中山縣境。島中岡阜起伏(圖5及6),東部松山爲最高,僅九十九公尺,自東北而至西南,連接東望洋山,綿亙於東岸,(圖5)形如一蘭,頂部平整,著名之燈塔,即建於山巔,自香港或中山縣至澳門者,無不首見之。北有蓮花山,高約五十公尺,雄峙北部,虎瞰關闗,握守蓮花莖孔道。南有西望洋山,高五十五公尺,其最南端有媽閣山,高六十五公尺,正對十字門,可爲半島東南之瞭望哨。中部有大砲台山,盤座島中,策應四方。此外西北隅有青洲山,高三十餘公尺,伸出河中,爲濠江之中流砥柱。其餘諸丘,均極卑小,如中部之白鴿巢山,東北之馬蛟石山及螺絲山等,僅二三十公尺。全島山地,盡屬花剛岩,風化甚深,於松山西麓及蓮花莖西望洋山等地,造成厚層之風化物,山坡平衍,頗有利於市區之擴展。松山東麓,媽閣山及其西南角,白鴿巢山及青洲山等,顯現岩石節理(Joints)甚多,石卵(Boulders)纍纍,造成著名之「海鏡石」及賈梅士

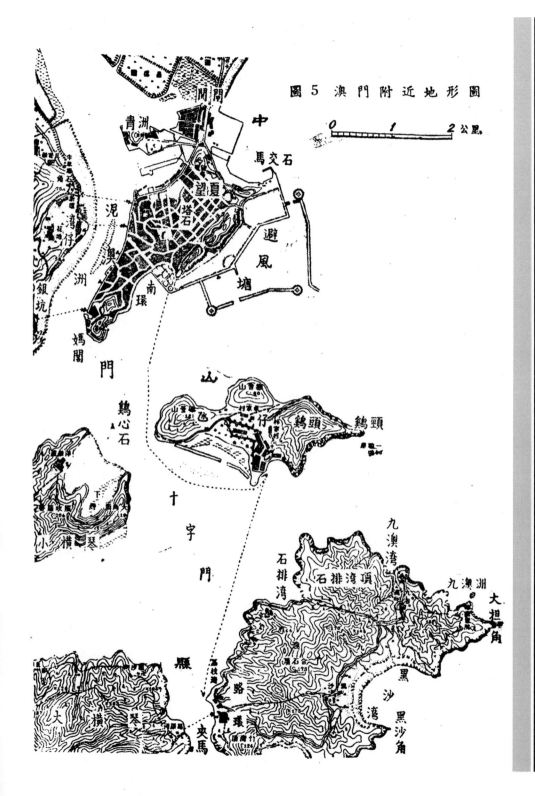

圖 5 澳門附近地形圖

0   1   2 公里

石洞（Camoe's Grotto）等。青洲一地，石卵尤多每屆大雨，時有崩下，（註6）島中西部及北部爲較平衍之地，一部爲堆積所形成，漫步其間，殊無攀登之苦，對於今日市區之建設，頗爲有利，比之香港地勢之峻峭，遠爲優勝。惟半島面積狹小，丘陵起伏，頗不足供城市將來大規模之發展，今葡人斤斤於填地工程者以此。島中諸山雖飽經風化，亦難蓄水，以致全島無一河流，居民復不能以海水爲飲料，松山西側二龍喉公園雖有一人工之地下貯水塘，馬交石亦有一露天蓄水池，但供不應求，飲用之水，成一嚴重之問題，（註7）居民有不辭跋涉，自對岸之銀坑運水以供飲者。

　　考澳門地形之構造實甚有趣，據著者研究結果，認爲澳門昔日僅爲

圖 6　澳門地形構造圖

中山縣南端之一小島，孤懸海中，未與大陸相連，與今日海外之小島無異。（圖6）其後因西江堆積之發達，於澳門與大陸之間，冲積成一沙堤，遂將澳門島與大陸相連而造成一半島，在地形學上稱爲陸連島，（Land. tied-Island）其與大陸相連處，成一土腰（Isthmus），在地形學上稱爲陸頸（Tombolo），據中山縣地名，昔稱之爲「蓮花莖」，殊爲貼切。昔土腰僅如堤，其後逐漸堆積，現已高出海面五至十公尺，寬約250至300公尺。（註8）今土腰中部，已築成公路，通關閘而過，爲澳門與中山陸上交通唯一之孔道，其兩旁已填成新地，闢爲菜田或墓地。至於澳門西北之青洲，據史

圖7　澳門地形簡圖

書,所載昔亦原屬一小島,與澳門半島分離。(註9)後因堆積及人工填海
,始連於澳門,可稱爲陸連島上之連島。

　　澳門半島東西兩岸之地形亦有差異。東岸多山地,松山面迎大洋,
風浪較大,沿岸海崖峭立,(照片7)曲折多彎,有海穴(Sea Cave)數處'
陳然可見,足證爲昔日海水侵蝕之地。今南環海岸一帶,海水較深,堤岸
紆曲,綠樹成蔭,爲澳門風景最幽美之區。惟東北一部,現已築成新塡地
矣。西岸較平直,正臨內河,深受西江之堆積,其勢力至大,海岸淤淺青
洲以南,及筷子基一帶爲最。低潮之泥灘盡露,澳門與灣仔間之河面
裏,有泥洲一道,每於潮落時出現,自青洲至媽閣,長約有一公里,高約半
公尺,偉爲奇觀。(註10)碼頭附近,雖常有挖泥船川駐,不斷濬挖,惟港
口最深之處,亦僅得二三公尺,輪船泊岸常鼓泥而行,至感不便,此實
爲澳門對外交通一大障碍。然其間風平浪靜,適於漁船之停泊,桅帆層

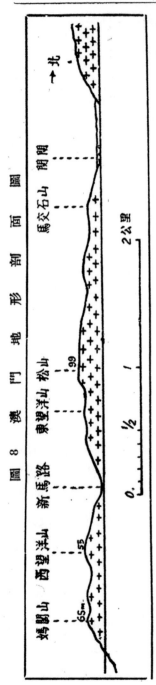

圖 8　澳門地形剖面圖

集,沿岸碼頭排列,至今仍爲本地對外交通之樞
紐。

　　自澳門南望,氹仔及路環兩島前後排立,路
環島較大,面積約六方公里,距澳門約八公里。
氹仔島較小,面積約二方公里,距澳門約四公
里。(註11) 其山脉走向亦自西南向東北,山高
約一百五十公尺,亦屬花剛岩,山形圓滑,石卵
(Boulders) 纍纍,表示風化已深,剝蝕作用(Exf
oliation)頗爲顯著,(註12)海岸堆積亦盛,據昔日
輿圖所載氹仔原屬兩小島, (註13) 後因冲積作
用而相連,其西北岸,海灘過淺,不便停泊,今日
市區乃在南岸建立, 並實施填地築海堤等工程
。路環島離海岸較遠,堆積較氹仔稍緩,沿岸海
水較深,北岸峭崖壁立,南岸面向大洋, 海岬與
海灘相間。竹灣一地 ,沙灘廣濶,爲天然之海浴
場所,夏日遊人如織。

　　澳門海岸上升之遺跡,亦頗顯明,考華南
沿岸 ,雖大體屬於下降海岸 ,但其最近則有上
升之象徵,據於廣州市附近所發現之侵蝕週 (E
rosion Cycle) 地形及海蝕梯地(Continental plat
form) 等,(註14)均可爲陸地上升之證據。著者
曾於澳門對岸之灣仔鄉後, 考察竹仙洞及銀坑

附近山地，高約一百公尺間發現一極似前侵蝕週之地形，此週之侵蝕基點與澳門諸山之頂點高度約相等，又在附近灣仔及銀坑谷口五至十公尺間之階地（Terraces）其面已高出海面五公尺有奇，似可為澳門沿岸陸地上升多次之證據。今在澳門東岸松山東麓尚可見昔日之海崖，在灣仔附近之山麓亦有海蝕遺跡，可為澳門陸地最近上升多次之佐證，片照7。澳門海岸堆積何以如是發達，此固因西江冲積盛行所致，但其主要原因，可以海岸上升而解釋之，不然，亦或海底安定，海岸堆積之力甚大也

第 三 節　　氣 候

澳門在我國南海沿岸，其氣候全受季風之支配，與東南亞洲沿海各地一致，大陸與海洋冬夏氣壓高低之配置不同，風向相反，天氣懸殊，每年約自四月至八月，盛吹西南風，是謂夏季風，（Summer Monsoon）自九十月至翌年二三月，盛吹東北風，是謂冬季風，（Winter Monsoon）此種風向，至有週期，且極為有恒，（表1）風力平均約為三級至四級，緩緩吹送。我國沿海南洋而至印度東非等地，古代上海交通，帆船往來，必賴風力，南洋各地之船舶，均籍西南季風而吹至中國海岸及日本等地，次年又籍東北季風而吹返，海上之交通貿易，均利賴之。是以季風之勢力，不特影响於今日澳門之經濟活動，在歷史上對於澳門之開埠，實與一動力焉。

表1. 澳門及附近各地全年最多風向表

地點＼月份	一月	二月	三月	四月	五月	六月	七月	八月	九月	十月	十一月	十二月
澳　門	NE	NE	NE	SE	SW	SW	SW	SW	S	NE	NE	NE
香　港	NE	NE	NE	SE	SW	SW	SW	SW	NE	NE	NE	NF
廣　州	N	NE	NE	SE	S	SE	S	NE	N	N	N
西沙島	NE	SE	SE	SE	SE	SW	SW	SW	SW	NW	NW	NE

　　澳門所處之緯度較廣州、甚至香港面爲低。且面臨,海洋,方位(Cordinal Points)與香港相差無幾,夏季風溫暖之惠于,本地最先接受;而冬季風乾冷氣流之南侵,勢成強弩之末。當地年中氣候和暖,雨量豐沛,享受季風賜惠之期間,堪稱最長,冬季短而不顯著,年溫差不大,據紀錄1910—1919年,平均氣溫在夏季爲 28.3°C,冬季爲15.6°C(註15)冬季平均氣溫之差僅 12.7°C.又據1921—1927年間,七月至九月之平均氣溫爲27.7°C. 十二月至二月之平均氣溫爲17.7°C. (註16)其間冬夏平均氣溫之差僅爲10.0°C(註17) 又據1916,1926,1930,1932,1938各年之年均溫差,罕有高於15.0C者,此種優美之天氣,實爲中國氣候區內所罕見。然澳門以緯度言,(22'11°N)邇近熱帶,南距赤道僅約緯度二十二度 ,且其港口南向,北則與大陸密接,夏季平均氣溫常達,29°C(表2及3),實較香港廣州爲熱(圖7表4);每見六七八月間,烈日如火,平均最高氣溫每達35°C(表6),而極端高最氣溫則更達38°C (3.89°C.,1930年七月六日 ;38.5°C.,1930年八月十八日;36.8°C.,1926八月十五日)澳門臨近海岸,夏日有此天氣,實堪注意。於此亦可見其亞熱帶氣候色彩之濃厚矣。至於冬季,則常於十二月後始見有凍浪入侵,氣溫亦不甚低降,澳門三面臨海,水氣環繞,寒浪之來,多自東北掠過伶仃洋,經海面溫暖氣流之調劑,沿途已改變其本質不少,可以減殺寒浪之兇勢。據澳門氣象台 1916,1926,1930,1932及1938,年之紀錄,(註18)其平均最低氣溫月爲在二月約爲15.0°C,1930年一月平均氣溫突低至 10.1°C,堪稱倒外(表3),冬季歷年極端年最低之氣溫並不甚低,一般皆超於 10°C以上,更罕見低於5°C者,1926年之5.6°C(一月一日) 1930年之5.1°C(一月九日) 1932年之5.0°C(一月八日)1933年之8.2C(三月十一日)1938年之7.3 C (三月十一日)堪稱嚴寒。至據著者個人觀測之紀錄於1940年一月廿四日,最低氣溫爲6.9°C,澳門一般人士所云,已爲十年來未有之奇寒,計其溫度亦不甚低。凍浪入侵之期甚暫,退而復來,來而夏退,如是者三四次 ,則殘冬已盡 ,入春不久,炎夏又至矣,故澳門之氣溫,恍如熱帶,本地植物皆

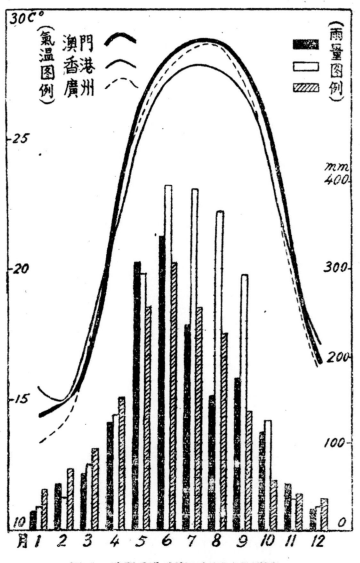

圖 8　澳門香港及廣州氣溫雨量變遷圖

極繁茂，樹木多屬亞熱帶植物潤樹葉，四季青翠，冬不落葉，如紫荆石果
等是，熱帶色彩之植物甚顯，攀緣植物與寄生植物亦極普遍，公園樹林，如
白鴿巢公園及摩囉園等處所見，可畧分上中下三層，上層高大如傘，中
層則多攀緣寄附而生，其枝葉蔓延，下層則多屬草本植物，葉大而幼薄，

其間濃陰蔽日，宛如置身熱帶。至於澳門附近中山縣屬之北山鄉及南屏
鄉，次生之樹林亦甚繁茂，為華南所少見。南屏鄉海泉洞廟旁之雜樹中，
有數古藤攀他樹而上，復被其他攀緣生植物所牽引，下垂如弓，長及數
丈，成一天然之鞦韆架，此種植物形態，實具有熱帶植物之特徵，常見不
少熱帶植物已廣植於本地，如榕，蕉，桄榔，椰子，……等。著者廿八年十
月在摩囉園中，見椰子已結實纍纍，且常與濶葉樹雜生，(照片 8) 在氹
仔島海濱，有一種熱帶海濱植物紅木林(mangrove)叢生海岸，據Duunand
Tutcher: Flora of Kwangtung and Hongkong, P.219) 一書所云澳門 Szet
sushan, Sanning 均有一種猪籠草 (Nepenthes PhyllamphoraWil d) 故澳門
氣候，實富有熱帶之特性。

表 2.　澳 門 氣 溫 各 根 據 之 比 較　　　單位攝氏 (C)

出　　　處	紀錄年期	一月	二月	三月	四月	五月	六月	七月
J. Hann	10 (1910-1919?)	15.6	14.4	17.4	22.3	26.0	28.1	28.7
中國地理會學地理學報載	25(?)	15.7	15.3	17.3	22.0	25.8	27.7	28.5
直接根據澳門氣象台每月之紀錄	5	14.5	15.0	17.6	22.5	27.0	28.1	2.65

八月	九月	十月	十一月	十二月	年平均	年溫差	最　高	最　低
28.5	27.8	26.0	21.4	17.5	22.3	——	30.3	4.5
28.5	27.7	25.5	21.0	16.3	22.7	(13.2)	——	——
28.8	27.6	25.0	20.8	16.3	22.9			

附註：　J. Hann.根據十年，似為 1910—1919 年。
　　　　地理學報載，未知原根據年份。
　　　　直接根據由澳門氣象台每月紀錄統計而成，其年份為 1816, 1926,
　　　　1930, 1932, 及1938各年，不連續。

表 3.　　　　澳門歷年氣溫表　　　單位攝氏(C)

年份月份	一月	二月	三月	四月	五月	六月	七月	八月
1916	16·0	15.0	17,9	22.0	26.0	23.0	29.0	29.0
1926	15.3	15.6	17.8	20.8	25·9	25.9	23.2	23.4
1930	10.1	16.4	18.5	24,8	28.3	29.2	29.6	30.1
1932	15.6	13.2	17.3	22.1	28.2	23.5	27.9	28.4
1938	15.4	14.8	17.6	22.7	26.7	29.2	25.6	23.4
平　均	14.5	15.0	17.6	22·3	2.70	23.1	23.6	23.8

九月	十月	十一月	十二月	年平均	年溫差	最　高	最　低
28.0	26.0	21.0	17.0	22.5	14,0	——	——
23.1	23.2	20.1	16.5	22,1	15.1	36.3 八月十五	5.6 七月一日
27.4	26.2	21.9	17.6	23.3	18.5	33.9 七月六日	3,1 一月九日
26.8	24.0	20,5	16,3	22.4	12.9	34.5 八月十五	5.0 一月八日
28.0	25.5	20.4	14.1	22.6	15.1	35.6 七月一日	7.3 三月十日
27·6	25.0	20.8	16.3	22,9		——	——

附註：1916 年攝徐家匯天文台H. Gauthere 1918. La Temperature en Chine。
1926, 1930 1932 1938 攝澳門天文台每日報告統計。

表 4.　　澳門及附近各地平均氣溫比較表　　　單位攝氏(C)

	一月	二月	三月	四月	五月	六月	七月
澳 門	15.6	14,4	17.4	22,3	26,0	23,1	28,7
	14.5	15,0	17,6	22,5	27,0	23,1	23,6
香 港	15.4	15,0	17,3	21,3	25,1	27,2	27,8
廣 州	13.3	14,1	17,4	21,5	25,9	27,5	28,4
三 水	14.3	13,6	17,1	21,7	25,6	23,1	28,9

八月	九月	十月	十一月	十二月	年 平 均	紀 錄 年
28,8	27,8	26,0	21,4	17,5	22,3	1910—1919
28,5	17,6	25,0	20,3	16,3	22,9	五年紀錄
27,6	27,0	24,5	20,3	17,2	22,2	1836—1923
28,6	27,5	24,1	19,8	16,2	22,1	191?—1934
29,3	27,6	24,4	19,2	14,7	21,8	十年紀錄(?)

附註：　澳門同上表 2, 及表 3.
　　　　香港據 H. H. Claore: world weather Record
　　　　廣州據中年大學天文台二十年來廣州氣象圖說
　　　　三水據徐家滙天文十年紀錄似爲 1910—1919

表 5　　　　　澳門及其附近年温差表　　　單位攝氏(C)

		一月	二月	三月	四月	五月	六月	七月	八月	九月	十月	十一月	十二月	備　　註
澳　門	平　均	16	15	17	22	25	28	29	29	28	26	21	17	徐家滙天文台 1916年
	最　高	28	28	29	32	34	35	37	38	38	36	33	31	據 H.Gautlere 1918
	最　低	0	4	4	5	13	21	21	24	17	10	5	5	La Temperatare
香　港	平　均	16	14	17	22	25	27	28	28	27	20	21	17	en Chine
	最　高	26	26	28	32	33	35	34	36	35	34	36	28	徐家滙天文台
	最　低	0	3	8	11	17	21	22	22	19	14	8	5	
廣　州	平　均	13	14	17	22	26	28	28	29	26	24	20	16	中大天文台,廣州市二十年來之氣象1913-1924
	最　高	29	29	31	34	35	36	37	38	37	36	32	29	廣州氣象台,中央氣象學會出版之氣象雜誌
	最　低	0	0	4	9	17	17	21	24	14	11	1	1	各地氣象紀錄摘要表,

　　以雨量言，澳門以臨近海洋，又居近熱帶，全年雨量甚豐，年平均約1800公厘(mm，表6)與華南沿海各地之雨量大約相同，較廣州為多，較香港略少，(廣州為1693m.m.，香港為2208mm見表8)雨量之分配富于季節性，大部份集中於夏季，約佔全年雨量47%，827mm。以雨日言，全年約為144日(表7)亦以夏季為最多，約佔36.8%(53日)，可知澳門雨勢(Intensity)之大，夏季期間常有一二日之陣大雨，可達二三百公厘以上者，如1930年日雨量曾達190.0mm(九月十五日)1938年曾達240.0mm（五月二日)，堪稱驚人，雨量分配，頗不平均，考澳門之降雨，其成因多為季風雨，東南風盛行時有之，其量甚大・其他為颱風雨及對流雨，夏秋二季有之，在春季則有一種梅雨，其開始時期及消退時期較華南各地為早，每見微雨霏霏，連日不開。澳門以位置與季風之影响，海洋性氣位深重。

表 6　　　　　　澳門歷年雨量表　　　　單位公厘(m.m.)

年份 ＼ 月份	一月	二月	三月	四月	五月	六月	七月	八月
1916－1924	22.1	51.0	64.7	121.8	307.3	333.6	235.7	153.0
1926	8.9	54.0	176.4	330.9	136.9	136.3	254.8	283.3
1930	53.6	37.9	111.5	54.7	200.0	156.3	205.9	111.7
1932	0.2	54.3	54.3	100.7	31.5	230.6	401.2	312.8
1933	8.4	107.1	97.4	94.2	556.6	43.5	140.5	252.2

九月	十月	十一月	十二月	全　　　　　　年	最　大　月　量
172.9	112.6	54.7	26.4	1761.2	—
155.2	138.6	95.4	15.5	1836.7	136.0 四月廿八日
446.3	0.0	2.2	32.6	1428.7	190.0 九月十五日
162.3	5.3	10.4	102.0	1465.6	143.5 七月卅一日
99.9	86.3	8.3	0.8	1495.2	240.0 五月二日

雨季較中國各地爲早,乾季延遲,故全年雨期亦因而延長,冬季雖較乾,
惟盛行之東北風,亦經海面而來,挾帶若干水氣,可以致雨,我國南海各
島,亦不之其例。故年中雨量, 堪稱豐沛,幾無旱季之可見,與夏季炎熱
之天氣,構成澳門爲一濃厚熱帶色彩之氣候。

表 7　　　　　　澳 門 歷 年 雨 日 表　　　　　（單位日）

年份＼月份	一 月	二 月	三 月	四 月	五 月	六 月
1916—1924	7	10	13	12	16	26
1926	8	10	17	20	13	20
1930	12	10	13	10	13	21
1932	1	10	11	16	15	20
1938	4	12	12	4	12	8

七 月	八 月	九 月	十 月	十一月	十二月	全 年
16	17	13	7	8	7	144
21	19	15	8	4	5	157
21	13	18	0	2	10	131
26	20	13	6	9	9	146
12	14	12	7	1	1	97

附註：據澳門天文台

表8　　　門及其附近各地雨量比較表（單位公厘mm）

		一 月	二 月	三 月	四 月	五 月	六 月
澳	門	22.1	51.0	74.7	121.8	307.7	338 6
香	港	27.4	38.7	75.1	132.3	294.3	396.5
廣	州	48.3	70.0	92.2	151.2	256.3	307.0
三	水	38.4	64.5	117.8	173.0	233.2	285.8

七 月	八 月	九 月	十 月	十一月	十二月	全　　　　年
235.7	153.0	172.9	112 6	54.7	26.4	1761 2
390.4	367.5	293.2	127.5	38.6	26.6	2203.1
256.3	224 1	135.6	59.4	40.9	33.6	1693.2
263.4	243.3	155.9	118.5	42.6	39.0	18354

　　附註：　澳門。據徐家滙天文台報告1916——1924
　　　　　　香港。據H.KObs. 1853——1933
　　　　　　廣州。據中國之雨量 1900——1936
　　　　　　三水。據中國之雨量 1900——1936

　　颱風(typhoon)之進襲，爲澳門氣候之特色，澳門最有歷史性之媽閣廟即爲最初航海而來之閩人，船舶在本島附近海面曾遇颱風，避入本澳得免于難，爲杞神功建廟紀念者，(註19)查澳門颱風最盛于夏秋七八

表 9　　華南沿海各省颱風侵襲次數表：

地名＼月份	四月	五月	六月	七月	八月	九月	十月	十一月	十二月	合計	月平均
廣 東 省	1	5	7	28	26	24	10	2	1	104	8 6
福 建 省	0	1	1	13	16	15	1	4	0	51	3.2
浙 江 省	0	2	2	7	14	9	9	0	0	35	2.8

　　附註：　據 E. Ghersi 1893——1924.

月間,據E.Ghersi 1893至1924年颶風在中國沿海登陸次數,廣東于此兩月之內,竟達五十四次之多,(表9)年中平均約七十八次,澳門一地每年次數,未有統計,惟以香港一地1884年至1929年統計之颶風次數,最多在八九兩月發生(表10)平均每年竟達十六次之多,實佔本省颶風平均次數之大半,澳門邇近香港,其情形相同。

表 10　　　颶風經過香港時期(1884——1929年)

月	一月	二月	三月	四月	五月	六月	七月	八月	九月	十月	十一月	十二月
%	0.2	0.5	0.5	0.7	3.7	7.0	18.4	22.0	21.5	15.0	8.9	1.6

澳門位置當颶風侵襲之要衝,且為颶風轉向之地,與香港無幾差異,尤以本島東南海岸,暴向汪洋,無所掩蔽,不如香港有所屏障,故感受威脅特大颶風行經海外或在半島附近登陸時,則一二日間,有極大之風速,每秒達三四十公尺以上,海浪汹湧,巔覆船舶,拔木摧屋,傷害人畜水陸每遭巨災。惜本島對于颶風之紀錄未詳盡,惟據香港之觀測,風速最高紀錄,每秒竟達60.8公尺(或每小時136哩,見1931年八月一日),已超過普通房屋所能抵受之壓力。(註20)　澳門邇近香港,當無倖免,無怪有「屋飛於山,舟徙于陸」之諺(註21)颶風之來侵,每挾以暴雨,其勢更烈,非特造成最高之風速,且往往造或最大之雨量,1932年七月十三日,汕頭颶風影响至廣州,一日間之最大雨量達192公厘,本島以臨近海面,颶風之勢力倍大,雨量自更驚人,據1938年五月二日三日,兩日間暴雨,竟達398公厘,又著者個人之紀錄,1939年一月二十三日,一日間雨量,約達300公厘,此皆由於颶風之影响所致,(註22)其于沿海之地,浪藉風勢,汹湧而至揪覆市街,其影响所及,損失每達數千百萬元,死亡以千萬計,(註23)為害甚大。澳門面臨海洋,颶風頻繁,為保衛其港口漁業交通計,對于氣象之觀測及颶風之預告,實刻不容緩也。(註24)

此外,澳門之氣候,尚有其他之特徵與華南海岸畧同,就霧而言,澳門最為常見冬春兩季,朝暮之際,每見海岸白霧迷茫,漫漫不散,航行為

之阻碍。空中濕度甚大,春季濕度平均達82.5%(表11), 均平常達90--95%,令人困倦,然澳門霧日,似較香港爲少。

表 11　澳門相對濕度表(%)　　　(紀錄十五年)

月份	一月	二月	三月	四月	五月	六月	七月	八月	九月	十月	十一月	十二月	均　年
濕度	72,9	77.0	31.9	84.3	83.5	32.6	32·0	82·0	77.4	70.9	66·4	67.4	77,4

　　至于澳門天氣日間之變化亦大,在夏季而言,每覺上午天氣清凉,天空多雲,中午則太陽正照, 日光殊烈,炎熱異常,每有陣雨,可減殺酷暑之苦,近晚漸陰凉,入夜則海風陣陣,一如深秋焉。以冬季言,早晚雖冷,午間如有陽光,則頗爲和暖。春秋二季, 天氣變化更大,忽而烈日當空,忽而陰霾四布,翳熱迫人,忽而凉風習習,變化靡常,是皆由于季風交替期間之影响也。查距澳門不遠之路環島,其花剛岩山地風化之剝融現象,(Exfoliation)甚爲顯著,此固因岩石本身之組織所致,然亦似可爲天氣日變化強烈之旁証。考澳門之屋式,不論中西, 其前門及走廊門楣多屬圓弓形,(如南環,河邊新街,下環海傍街等) 其窗門幾全屬百葉窗,甚至門戶亦如是。屋式乃當地氣候之一種反映,弓形走廊門楣或以躲避強烈陽光之投射,百葉窗之作用乃以適應變化靡常之天氣也。此種屋式或馬葡人自地中海本國傳來,然必須與當地之氣候適合,乃能如是普遍,

　　要之,澳門氣候,大致四季溫和,冬日甚暖,夏日雖熱,但有海風之調劑,亦不甚熱,尤以東南海岸一帶,樹木濃密,夏日正迎海風, 陣陣送凉,拂人欲醉,爲避暑之勝地也。

第 四 節　　水　文

　　澳門半島,面臨海洋,其西岸濠江爲內港之所在,東面伶仃洋則爲外港,南面小橫琴迷仔島間爲內十字門;大橫琴路環島間爲外十字門,沿岸水文,叙述至要,惜本地對於水文觀測,除海底地形潮汐外,其餘海流

　鹽份水溫等,尚付缺如,以言發展本澳航運漁業鹽業者,實不容忽畧也。

　　澳門之水文測量,向有葡人海港工程局負責,對於海水深度及潮汐之漲落,已定有一水文測量基準点 (Hydrografic Zero)此基準点參照大潮時最低水位下0.70公尺(m)之處,即位在海軍部水深圖原定基点1.02公尺之下(註25)本書之水文數字,即根據此基点所測定。

　　就海底地形而言,大部份屬淺海堆積地帶,據海水等深線圖觀察,(圖10,註26)澳門附近之海水深度,任何一地無逾四公尺者。海底地形大致與堆積及海流方向至有關係。之外港氹仔路環兩島,以西之海道,大淤淺,尤以內港一帶及前山青洲附近爲最甚,火船頭路碼頭沿岸至灣仔部一帶,水深僅及一公尺。澳門位於濠江凹入岸(Concave)河水較深,或超出一公尺,且碼頭數十公尺間有挖泥船常駐工作,藉人工之力,濬深河床,惟尚難保持超于二公尺之深水道,其在灣仔沿岸及江口之中部最淺,澳門與灣仔之間已堆成長泥洲一道,自青洲稍下而迄媽角銀坑之間長及一公里,此或爲內河堆積物出海,受阻于潮水堆積于此所成。此外在灣仔沿岸復堆成一廣濶海灘,低潮時寬達三百餘公尺,石砌碼頭自岸伸出長達二百四十公尺,灣仔南坑以下沿岸,水深不及一公尺,甚至有爲零公尺者(即在平均海面下僅2.31m),吾人于水深圖上所見,澳門半島附近水深1公尺線至爲曲折,自內港過媽角而出外港成一直角,輪船航道,即循此界線,輪船出入不能自由行動稍越雷池一步。其次零公尺水深線竟于澳門海外媽角氹仔間往復二次,顯係自企人石沿岸經大小馬騮洲而橫貫于此間者。小橫琴與氹仔二島沿岸,亦極淤淺,約在一公尺左右,氹仔一島,除東端于鷄頸一地外,全島幾被零公尺水深線所包圍,小橫琴島僅于東北角一端,水深一公尺,其餘則盡爲沙灘泥灘所環繞,船舶不能近岸。至于十字門,古稱爲航路之要衝,而今亦以湎近堆積,零公尺水深線于橫琴中心溝直延至十字門一帶,除石排灣外,大部水深竟在零公尺以上,廣達三四公里,成一海岸堆積台地。假令今日海水上升僅2.31m則澳門內港而至氹仔路環一帶即全部變成陸地連成一片,僅餘

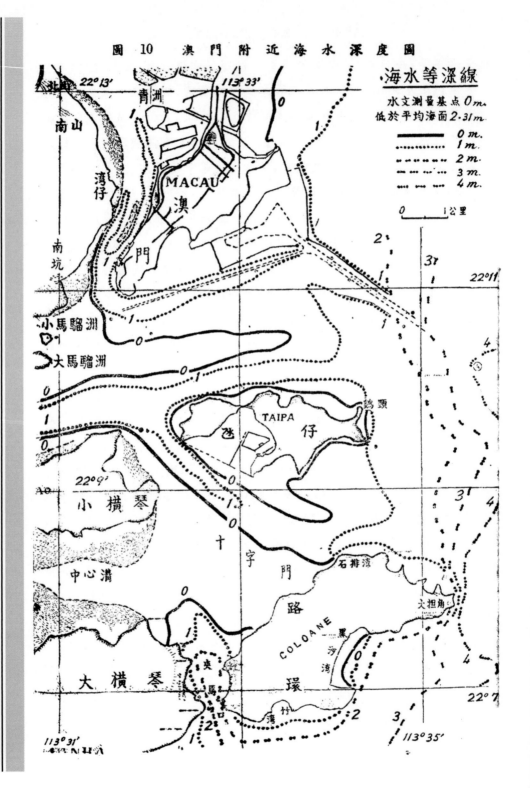

圖 10　澳門附近海水深度圖

海水等深線

水文測量基点 0 m.
低於平均海面 2·31 m.

	0 m.
	1 m.
	2 m.
	3 m.
	4 m.

0　　　　1公里

媽角與氹仔間及氹仔與路環間有二道小河注入于珠江口耳。是以今十
字門之水道外，吃水不及一公尺之電船來往其間，亦須趁潮而航行，電
船每日開行五次，但亦鄭重聲明，曰，「如遇水淺，不在化例」（註27）。電
船至氹仔島，不能泊岸，途中最常在氹仔路環島間擱淺，低潮時幾可涉
足而過也。

　　外港至路環島一綫以東及大橫琴島路環島以南海外，始見海水較
深，其地離磨刀門較遠，堆積作用較小，外港水深一般已在一公尺至二
公尺之間，自此以東趨珠江口外，不數公里之間，海水深度即陡增至三
四公尺，澳門航道及避風塘內藉人工之力，不斷濬挖，水深約有三公尺
至四公尺，自可出入較大之船舶。路環島之夾馬口，海底地形如一峽谷，
自十字門南趨至路環碼頭與大橫琴島之間，水深可及二公尺以上，夾馬
口中水深達四公尺，其較南之地，最深處竟達 9.7公尺，殊屬不可多得，
惟夾馬口外，海水又復趨淺，僅在二公尺至三公尺間。

　　澳門附近各島沿岸海水最深者，僅見于路環島東端大担角之處，其
地爲一顯著之海岬，正臨珠江口，爲本地附近最東之一隅，遠離西江之
堆積，沿岸水深已達二公尺，距岸不及三四百公尺處，水深已達四公尺，
距岸約一二公里之處，水深已達五公尺，以水深言，實爲澳門附近開築
港口唯一之地點。

　　海流而言，因季候風之影响而不同，此在季風區海流，大率如是。冬
季海流自東北而西南，夏季自西南而東北。謂之交替海流（Alternate Current）其區域由中國南海而至南洋之間均屬此，冬夏之間水流方向不同，
海水溫度亦因而有異，而漁類亦因季節而有別。至于本島沿岸，海岸曲
折，海外島嶼環列，自令海流發生局部之差異。珠江出口及西江于磨刀
門之出口，河水沖出，亦令海流發生變化。本島外港，面向東南，一片汪
洋，冬夏海流，均有影响，是故風浪甚大，須築避浪堤，以安穩船舶之碇
泊。海岸西南有大小橫琴諸島，對于風力與海浪之阻力頗大，澳門之風
浪，普通以西南風較小，東風較大，蓋無所遮蔽而也。

　　潮汐而言,澳門政府于内港一處常前觀測,通常潮水每日漲落各二次,澳門以臨近海岸,潮汐之影响殊大,惟以海外島嶼羅到,而内港又復灣入,其潮汐之時間未免稍爲延遲。潮汐勢力亦以外港爲大,據紀錄最大爲在夏季,當日間吹西南季風之時,在冬季爲夜間吹東北季風之時,(註28)其平均海平面假定爲高于澳門水支測量零點(見圖及註26)2.31公尺(7.6英尺)

圖11　澳門水文測量基點與香港之比較

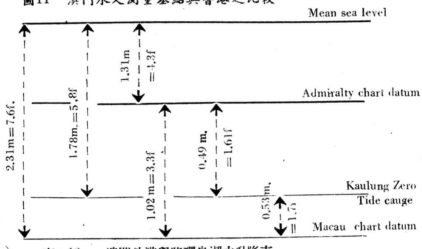

表　12　　　澳門外港與路環島潮水升降表

	外 港				路 環 島			
名稱	高 水		低 水		高 水		低 水	
	時間	高度	時間	高度	時間	高度	時間	高度
大潮	h.m. −0.01	m. +0.03	h.m. −0.08	m. +0.03	h.m. −0.10	m. +0.10	h.m −0.20	m. +0.06
小潮	h.m. −0.18	m. +0.03	h.m. −0.10	m +0.00	h m −0.20	m +0.03	h.m −0.14	m +0.03

附註:據1920,——1924年, ST. Justuis 所觀測

　　潮汐之漲落,高水與低水之差,小潮于冬季(一月)約1.2公尺,于夏季則甚小,僅約0.2公尺;至于大潮,則冬夏均甚顯著,冬季約1.5公尺,夏季最大約達1.6公尺,(1944年五月二十二日八時五十一分漲3.23公尺,三時正,落1.71公尺,差1.60公尺)非爲不大。港口輪船之出進,沿岸大小

船舶之往來，賴是而活躍，每見潮漲之時，海水泊泊而入，浪濤趨緊，船家浮動，碼頭一帶，人聲鼎沸，殊爲熱鬧。

表 13　　澳門大潮潮汐漲落年變化表　　(1926年)

		一月	二月	三月	四月	五月	六月	七月	八月	九月	十月	十一月	十二月
望	漲	2.32	2.38	2.62	2.93	3.14	3.35	3.47	3.35	3.41	3.20		
	落	1.04	1.13	1 37	1.64	1.86	2.04	2.07	1.71	1 89	1.52		
朔	漲	2.32	2.56	2.86	3.14	3.47	3.54	3.47	3.35	3.08	2 80	2.41	2.29
	落	0.97	1.10	1.34	1.61	1.89	2.01	2.07	1.95	1.77	1 68	1.49	1.25
望	漲										2.89	2.50	2.35
	落										1.34	1.04	0.95

表 14　　澳門大潮潮汐漲落年變化表　　(1944年)

		一月	二月	三月	四月	五月	六月	七月	八月	九月	十月	十一月	十二月
望	漲	2.32	2.41	2.53	2.71	3.08	3 20	3.29	3.44	3.3	3.29	2.99	
	落	1.19	1.31	1,40	1.46	1.68	1.80	2.0.	2.10	2.1(	1.30	1.43	
朔	漲	2.44	2.56	2.62	3.05	3.23	3.38	3 41	3.32	3.11	2.39	2.62	2.44
	落	1.07	1.10	1.34	1.46	1.71	1 95	2.07	2.04	2.04	1.83	1.61	1.53
望	漲											2.68	2.38
	落											1.37	1.31

附註　據 Repaticao Tecnica das obras Pubelcas De Macau　單位公尺（ m ）

潮水漲落，及時令海流均有局部或暫時變化之發生，每因海水倒流，本地河口所排出之堆積物，不能直納于海，本地沿岸堆積之惡罪，亦潮水有以助其兇勢焉。

海水盬分而言，大致淡薄。蓋週近大陸，而三角洲之口，各水道出口，常排出大量淡水。尤以于夏季爲時多，據珠江水利局之報告，西江排水量于梧州最高水位時平均每秒爲11.300立方公尺，北江于蘆苞爲15.500立方公尺，東江于石龍最高水位時爲6.070立方公尺，合計32.000立方公尺，淡水源源而出，足使沿岸盬份減低，且以本地沿岸水淺，堆積台地

廣大，亦不易容納多量塩份灌入；惟于冬季之時，河水量流減少，塩份可能增加，尤以于潮漲時，塩份隨潮而入。沿海海水帶有鹹味。本地附近中山縣金斗灣、企人石一帶之潮田，均有海堤圍護以防鹹水之入侵。于路環島沿岸之海水，水色已顯綠色，鹹味較濃。至于氹仔島尤以內港一帶，四季塩味均較附近各地署低，尤以內港一帶水色尚黃，與香港大異，是以澳門近海，絕少海塩之出產，以其塩份過低，不便晒煉也。

海水溫度，槪因季節氣候而異，而海底地形與海流亦有影响。海水大致溫暖，全部水面溫度約25°C，本島接近大陸，尤以在內港附近，水溫之變化，與陸地氣候一致，惟海水比熱較大陸爲小，變化較緩，夏日海水較空氣爲凉，每當酷熱迫人之時，海濱游泳場視爲消暑之殿。冬令水溫則較空氣爲暖，尤以清晨及傍晚之時，陸上幅射熱已散，每見海上煙水裊裊，造成海上幅射霧，蔚爲奇觀，亦足以影响沿海之天氣。

（註1）見澳門汎美飛機站門牌所示及澳門海港工程局測量Guia Lighthouse之位置。

（註2）所列距離爲直線距離。

（註3）R cithozen 稱中國東南部各省山脈之走向曰中國式走向即震旦走向。

（註4）澳門半島土地面積據澳門年鑑1910年爲3.350方公里，1920年爲3.380方公里，192 年爲5.4 方公里，192 年澳門市區面積爲5.274平方公里，又見天主教十六世紀在華傳我誌P.125 載：澳門……面積四百八十公頃，（4.3方公里）最大長度四公里零二百公尺，最大寬度一千六百公尺，周邊三哩（約十一公里）。

（註5）見香山縣誌。

（註6）何大章：澳門天氣日記，見澳門華僑日報，廿八年五月至七月。

（註7）澳門居民，多飲用井水，惟除二　頭附近之井泉外，多有鹹味，昔居民多運銀坑之水供飲料，自澳門水公司設立後，嚴禁運水，而自來水之設置又未臻完善，飲水問題仍極嚴重。

（註8）據澳門記署載：「前山澳山對峙於海南北，縈以一沙堤亘其間，經十里廣五六丈」查該書爲清乾隆十六年（1751年）間印光任宦遊斯土所作，距今不過百餘年，而今日之沙堤已濶至二三十丈，足見堆積之盛。

(註9)明史佛郎機傳:「至三十四年,又於隔水青洲建寺……」,查明萬曆三十四年卽西曆1606年。又著者在澳曾見1840年之澳門工程局地圖(Macau Em 1840 Por W. Brams-ion)青洲尚孤立水中,仍未與澳門相連也。

(註10)何大章:灣仔地理之研究,中山大學地理集刊,第四.六期。

(註11)見1939年澳門年鑑,又據最近澳門報告迯仔島面積1910年1.98方公里,1927年增至3.43方公里,路環島面積1910年5.61方公里1927年增至6.62方公里。

(註12)在路環島自碼頭至竹灣路上所見,花剛岩山上,有岩石剝落甚爲顯著。

(註13)見珠江水利局廣州附近三角洲圖,及民十八年廣東陸軍測量局之廣東省圖比例尺二十萬分之一。

(註14)吳尙時:廣州市附近地形。中山大學地理集刊創刊號

(註15)見Macau. Publicity office Harbour Works Department 1926 出版。

(註16)見Macau.Economic Deparment 1039出版。

(註17)註4及註5二種根據,出處不同,未知其間冬夏二季所取之月份同否,故未敢合併統計。

(註13)據著者所採得之澳門氣象紀錄年份,僅此數年,雖不連續,可爲參考。

(註19)澳門紀畧「洋船石,相傳萬曆年調,賈巨舶遇颶,殆甚,俄見神女立於山側(卽今媽閣廟)舟遂安,立廟祠天妃,名其地曰「娘媽閣」於廟前大石鑴舟形及「利涉大川」四字

(註20) E. Cherzi; wind With speoial reference to wind effects on structure in area subject to Typhoon Shanghai 1931 年。平常碑木建築每遇每秒26公尺(或每小時50哩)之風力,已有傾圯之虞,而每秒50公尺之風速,雜以飽和之密雨,向壁直吹,則每方公尺所受之壓力爲十八噸之重,所過荒蕪。

(註21)據東莞縣誌

(註22)見二十八年十一月廿五香港國民日報及十一月廿四日澳門藥僑報。

(註23)1906年九月十八日颶風過香港,損失達七千萬元。

(註24)澳門政府對於颶風預告之事,置之漠然。1939年十一月廿三日颶風在澳門附近登陸,核心正過香港,下午四時風力每秒達35公尺,惟是日前澳門報紙及氣象台幷無颶風之預告,亦未有任何風球懸出,晨三時開往香港之金山等輪及八時開往香港之西安輪,均盲目開出,不知冒險。當時著者在澳,其輪船啓行之汽笛三次,

著者均淸澈聽聞，航海人員，當信任氣象台之報告，是以當颶風之初發，幾使人不敢首背其爲颶風，幸而此次澳門水陸之損失尙微，各輪船亦安全往返。

　　（註 25）　據 Reparticao　Servicos　das　Obras　Publica de　s Macau, Tabela de Mares. "The　heights　are　referred　to　the　hydrografic　zero, i.e. 2f.3　below maximum Spring　low-water：the hydrografic　zero　lies　3f.3 below　the　Datum　of Soundings　in the Admirally Charts.

　　Thus to have the actual depth on any point of the harbour must be added to the sounding of the Hydrographic chart.

　　（註 26）見 Direrrao des Servicos des Obras Publica de Macau.　Carta Hydro-grafica de colonia de Macau.

　　（註 27）見澳門禎祥輪船公司，電船搭客須知

　　（註 28）同註 26

第三章　人　口

第一節　人口與種族分析

　　澳門開埠迄今三百餘年,其人口之來源如何,演進如何,殊堪考據。考澳門開埠之初,荒僻海隅,僅爲沿岸漁舟飄泊之所,人煙稀少,間有中山縣之居民,來此採石,(註1)於明嘉靖初年間,或有在此與葡人作臨時之私相貿易者,但當時人口究有若干,無所稽考。惟在元明之季葡人來澳之前,國人早有移居於此,特以每年夏季西南風起,葡人乘風而至,移泊此間,華洋交葛,則頓形熱鬧;冬季東北風起,葡人歸航後,復轉冷落耳。據龐尚鵬區畫濠鏡保安海隅疏有云:「每年夏秋間夷船乘風而至,祇二三四艘而已,近增至二十餘艘,或又倍焉,往年俱泊浪白等澳,限隔海洋,水土甚惡,難於久駐,澳官權令搭蓬棲息,追舶出洋即撤去」,(註2)可以知之。

　　澳門人口之來源,大部份由我國內地遷徙而來,葡人及歐洲其他之外國人甚少,人口之統計,我國人常佔絕大多數,如 1910 年國人 63.732 人,佔全市人口 94.3%,葡人 3.526 人,僅佔 5.3%,其他外人爲 241 人,920 年國人 73.007 人佔全市人口 94.9%,葡人 3.535 人,僅佔 4.5%,其他外人爲 360 人;其中尤以 1927 年國人總數達 144.296 人,佔全市人口 97.2% 葡人 3.575 人僅佔 2.4%。澳門中葡人口之比率,自我國抗戰後因僑民激增,相差尤爲明顯。於 1939 年全市人口 231.953 人中,國人竟佔 227.030 人,佔全市人口 97.8%,而葡人不過 4.174 人,僅佔 1.7%。故就近年人口成份之比率言,葡人實爲數甚少,卑不足道。是以在澳門市面所見,到處皆屬國人,風俗習慣與內地無異,置身其中,如履故土,實無他鄉異域之感。有異域之感者,實葡人自覺而已!

表15　　澳門歷年中葡人口比較

年份 \ 國別 地域	本島					氹仔島			路環島			三島合計		
	中國人人數	%	葡人人數	%	其他	中國人	葡人	其他	中國人	葡人	其他	總人數	中國人	%
1910	63.732	94.3	3.526	5.3	241	6.393	50	3	1.396	25	—	74.816	71.021	94.9
1920	73.077	94.9	3.535	4.5	360	4.779	277	1	1.951	4	—	83.948	79.807	95.6
1927	144.296	97.2	3.575	2.4	585	5.492	98	1	2.946	173	5	157.170	152.739	97.1
1939	227.030	97.8	4.174	1.7	749	7.634	144	1	5.039	306	9	245.194	239.803	98.1

附註：　　據澳門年鑑——1939 年

　　至人種方面，因澳門昔日爲華洋貿易之市場，四方雜處，殊形複雜。當地人口除大部份爲我國人及小部爲葡國人外，尚有非洲黑人、印度人、白種人及混血種人等。我國人自昔多來自福建潮汕等地，最古之媽閣廟即爲昔日閩澳民所建，可知閩人早已來澳貿易。近年我國人多來自沿海各縣，以中山縣人爲最多，其次爲新會，陽江，電白，順德，南海及東莞等縣人，中山縣人於澳門多經營漁魚業，銀業，洋貨，陽江縣人多爲漁家，本澳水上最流行之一種船式，名曰「陽江艇」可以想見。葡人初來時稱爲「佛郎機」，或稱「蕃鬼」，後稱蕃人」，或曰「夷人」又以其來自西洋，亦稱「西洋人」，膚色淡棕，髮捲波狀，在澳門人口總數僅約三四千人，多數爲政府官員，從事其他事業甚少，苟且偷安，不事振作，對澳門市政及經濟建設，遠遜香港之英人。非洲黑人多來自葡非洲安哥拉(Angola) 莫三鼻(mocambique) 等地移殖而來，其人膚色如漆，髮短而黑，鼻扁唇厚，智力低下，在門多充任葡人之苦役，如守關，當兵，築路及僕役等，生活至

苦。印度人則來自葡屬印度臥亞(Goa)達曼(Damam)等地,其人身材高大,膚色棕黑,滿臉鬍鬚,在澳門多充任葡人之警察,每見馬路上十字路口或葡人政府機關前,昂然而立者,乃印度人也。黑人與印度人在澳門之人數甚少,僅約數百人,約佔全市人口 0.4%,彼輩在葡人統治之下,有如牛馬,毫無地位,弱小民族亡國之痛,可爲殷鑑。至留居澳門之其他歐美日種人甚少,其中有意大利人,西班牙人,英國人及美國人等,多由香港轉來,從事於傳教或技術工作。此外澳門尚有一種土著,俗名「鹹蝦鐽」,係中葡兩國人結合所生之女子,爲一種混血兒,其在澳門葡人中所佔之成份頗大,膚色與中國人接近,髮亦較黑,眼鼻則與葡人接近,其在澳門之職業在位畧遜西洋之葡人。

第二節　人口之演進與分布

澳門早期人口究有若干,殊難考據。惟偶爾亦發見有一二數目,如1561年(明嘉靖四十年)澳門約有葡商五六百人(註3)1563年(明嘉靖四十二年)人口最少似超過五千人以上(註4),其中葡人佔有九百。1743年(乾隆八年)人口共約五千五百人,其中葡人佔三千五百人(註5),而1745年(清乾隆十年),亦有謂葡人爲三千四百餘至四千餘之衆(註6)惟以上所列,固語焉不詳。其中比較正確者,爲據1750年(清乾隆十五年)張甄陶論制馭澳夷狀所云。「澳夷男婦共有二千餘人……現澳夷奉法惟謹,必無他慮,……是澳民夷雜處,數盈二萬……」,又據1839年間(約在道光十九年)林則徐會奏巡閱澳門形情摺云,「……是以於四月間,……仿照編查保甲之法,將通澳華民,一體戶編查,……查明戶口連冊呈送,計華民有一千七百七十二戶,男女七千零三十三丁口,西洋夷人七百二十戶,男女五千六百一十二丁口,英咭唎國夷居夷人五十七戶………」(註7),合計當時人口共有一萬二千餘人,堪稱準確。

查澳門人口之大量增加,實始於十八世紀以後,蓋交通之集中,貿

表·16　　　　　澳門及氹仔路環人口演進表

年份	本　　島			氹　仔　島		路　環　島	
	陸	水	合計	陸	水	陸	水
1910	49.379	17.120	66.499	4.081	1.920	2.365	5̶5̶6̶
1920	59.689	17.283	76.972	3.851	1.003	1.986	1 7 2
1927	98.202	50.254	148.456	4.296	1.299	2.214	9 1 0
1936			120.000				
1937			164.523				
1933			141.945				
1939	212.225	19.728	231.953	7.004	883	4.581	7 7 3

易之發達,有以致之。惟俟後關於人口之統計,均付缺如。直至近年新統計之報告,已增至六七萬人(註8),其間歷時七八十年,人口增加五倍以上,亦屬平常之現象。據1910年人口調查統計報告,合計澳門水陸人口總數爲66,499人(另氹仔島6,001人,路環島1,921人(註9);1920年增至76,972人（另氹仔島4854人,路環島2,185人）及至1924年人口突增至184,456人(另氹仔島5,595人,路環島3,124人（註10）。考其原因或由於是年廣州發生變亂,居民避居澳門之故。1936年爲120,000人,1937年爲164.528人,是年人口突增,因我國對日抗戰,廣州及粵省各地頻遭空襲轟炸,居民紛紛避居澳門,一年之間,人口比較戰前增多四萬餘人。1933年爲141.945人,1939年復突然大增,竟達至231,953人（另氹仔島7,887

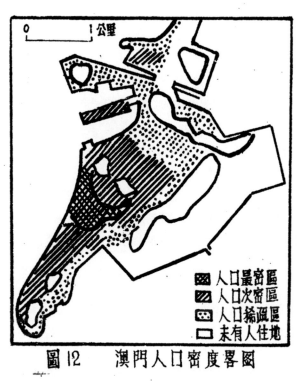

圖12　　澳門人口密度畧圖

人），路環島5,354.人(註11)，誠為空前之現象。本澳地狹屋少，以致屋價
貴昂，尺土寸金，有長安不易居之嘆。

　　然以上所述，僅屬戰時非常之現象，自1945年我國抗戰勝利後，廣
州各地相繼光復，澳門僑民紛紛歸國復員，人口大為減少，從此又恢復
舊觀矣。

　　至澳門市人口之分布(圖12)，以西岸自白鴿巢山以南，司打口以北
及大砲台山以南新馬路，泗孟街營地街，怡安街一帶為人口最密區，亦
即商業最繁盛之地，房屋稠集，有若干高樓均在四層以上：西環下環及
中部水坑尾荷蘭園及北部筷子基台山等地為人口次密區，大部為商業
區之外圍及住宅區；南部南環西環，松山西麓，塔石望廈及青洲一帶，為
人口稀疏區；各崗陵頂部如松山，東望洋山，蓮峰山，東望洋山及東部新
填地跑馬場等地為人口最疏區，至今尚未有正式之住居。

（註1）　見 H.Bernard；天主敎十六世紀在華傳敎誌，P.109.

（註2）　按龐倘鵬上疏時爲嘉靖四十三年（1564），見香山縣誌，海防篇

（註3，註4）　見基督敎十六世紀在華傳敎誌，P.109.

（註5）　見香山縣誌海防篇潘思渠奏

（註6）　薜蘊澳門記：「……澳夷西洋族，自嘉靖三十年來迄今二百年矣，其戶四百二十有奇，其丁口三千四百有奇……」

又張甄陶，澳門圖說：「今在澳之夷，約六百餘家，每家約三男而　五……」

（註7）　編查時期約在1839年，清道光十九年間

（註5）見澳門海港工程局編 M，acao，又民國三十年十一月二十四日香港星島報載：「澳門人口……澳政府在最近十年來，曾先後調查多次，人數均不足十萬……」

（註9）　據澳門年鑑，1938年，又民國卅年七月九日澳門華僑報載：澳門人口歷年調查報告。

（註10）　同前註，香港國民報載，廿八年四月廿七日

（註11）　同前註及民國三十年十一月廿四日星島報載：「澳門人口總數，此後調查與以前各次相比，增加二十萬人以上（按以前約十萬人）……」

（註12）　（表18）　　澳門及氹仔路環男女人口比較表

地域 性別 年份	本　島		氹　仔		路　環	
	男	女	男	女	男	女
1910	37.235	27.114	3.850	2.596	1.128	793
1926	42.020	34.984	2.744	2.111	1.239	914
1927	8.273	65.725	2.958	2.637	1.859	1.256
1939	115.780	115.165	3.412	4.475	3.019	2.135

照片 9 最繁盛之新馬路

（黃景詔先生贈）

照片 10　　關閘路上之肩挑者　（穆鴻基攝）

第四章　交　通

第一節　交通之演進

　　自 1557 年葡人佔據澳門,以為遠東貿易之立足点後,交通日趨繁密。十六世紀時之交通工具為帆船,須藉風力行駛,其航期全受季風所支配。從麻六甲向澳門航行,必須趁西南季風,航期在年中四月至八月間;自澳門歸航馬六甲。必須趁東北季風,在十月至次年二月間,航程約需一個月,往返則共需三個月至六個月。倘在季風交換之前,尚不能達到目的地,則必須有一年之耽擱,或在中途停留,以待下次季風來臨,再繼續航行。若自馬六甲至中國,繼續航行至日本,必須在澳門等候十個月,始能得到順風,從日本回到中國,亦利用九月至明年間之東北風來澳門,停留十個月之後,始能在十月及二月間利用東北風而返馬六甲。年中季風轉變之期間,葡船乘風而至澳門,入口泊南環,或由南環繞馬角而入濠江。葡船頗為龐大,可客五六百人,船身比較堅固,且備有槍炮,以防禦海盜。此外尚有中國式沙船,載重約三四百噸,船身作長方形,有三桅竿,以草蓆為悝,舉重而遲緩,且由馬六甲至澳門之航行期間,在中國海面常有颶風發生,每有覆舟之禍,海盜亦復不少,此種航行實為一艱苦冒險之舉。惟因溢利豐厚,葡商亦不避艱險,前來澳門貿易。

　　自1541年(明嘉靖二十年)至1640年(明崇禎十三年),約一百年間,為澳門交通全盛時期,其時由馬六甲運來中國之貨物,以胡椒為主,其次為丁香、檀香、象牙、寶石及多囉嗹呢等;由中國運返之貨物以生絲為主,其次為茶葉、磁器及黃金等。每獲利甚大。除澳門至馬六甲一航線外,馬六甲與日本及菲律濱之交通亦以澳門為轉駁站,澳門儼然成為遠東航路之輻輳,帆檣麕集。

　　惟自1640年中國政府禁止葡人在廣東貿易,同年葡人與菲律濱日

本之貿易亦被西班牙停止，澳門交通因而中落。及至十八世紀末葉，工業革命以後，海洋交通由帆船時代進而至汽船時代，非具有港闊水深之港口不能爲優良之商港，澳門因海岸日淺，交通範圍日漸縮小，尤自1842年（清道光二十二年）英闢香港及我國五口通商後，澳門之交通地位遞爲其他港口所奪。日形冷落，時至今日，澳門之交通範圍，只限於香港廣州及珠江三角洲各地，其在交通上已淪爲香港之附庸，今非昔比矣。

第 二 節　　對 外 交 通

澳門原爲我國之一部，關係最密切，與南、番、中、順、新各縣及廣州之交通，賴水道之密佈極感方便，其對外交通，對我國沿海爲最密，對西洋及海外昔用帆船，固爲危險，來往亦疏。

且澳門港口因受西江沖積之威脅，海岸日淺，與外洋直接主之往來至少，故對外交通之範圍，已大爲減縮。降及近代，沿岸堆積更形發達，泥灘廣闊，每屆潮落，即露出水面，常見不少船舶擱淺其間，濠江河中之坭洲亦常露出，河道淺窄（見附圖10），往日一千餘頓之港澳輪船，出入其間，當感困難，此實爲對外交通日漸衰落之主因。考港口地址（Site），影響於其發展前途實甚重大。昔羅馬時代，地中海威尼斯（Venice）附近之巴多瓦（Padova）等港，因波河下游沖積之故，今己離海岸數十里，不堪爲港矣。廣州珠江三角洲上之佛山，昔日爲我國四大鎮之一，降及近代，河床日淺，距海日遠，亦日漸衰落。澳門若不另尋一新港口則將來恐亦難免同此命運也。

就海上之交通言，以香港與澳門兩地間之交通爲主。水程約三十八理，輪船三小時可達，昔日行走此線者，有泉州號，交通號，濠江號等輪船約三四艘，每艘載重約千餘頓。自我國對日抗戰，廣州淪陷後，突增泰山號，天一號，東安號，西安號，金山號，福安號共約十一艘，航行不分日

夜,不數小時即相對開行,往來其間之客貨如織,最稱便利,此外來往港澳間之大貨船亦不少,來貨以米、糖、油、紙、煤、布疋等為大宗。往貨以蔬菜,牲口,鮮魚為大宗,輪船出入甚為繁密(註1)。惟自太平洋戰事爆發,香港失陷後,兩地正常之交通即告中斷。其次,為省澳之交通,水程約一百浬,輪船六七小時可達;昔有恒昌號,昇昌號二輪船走其間,來往客貨亦多,可稱便利。但廣州淪陷後,已告停航。港澳及省澳航綫自我抗戰勝利,粵省重光後,次第恢復。

此外,江門至澳門、石歧至澳門之交通,皆屬內河之航運,為一種輪拖,以小汽船拖客渡或貨船來往。交通尚稱繁密,輸入貨物以魚、果、米,牲口為多,輸出貨物以海鮮、洋貨為多。戰時新會中山各屬相繼淪陷後,此航路無一定,其行走路線及開行時間,每隨戰局緊弛而異,然江澳及歧澳之供求關係甚大,其交通於我抗戰結束後,已漸復常態。

以言陸運,至為狹小,其與內陸陸道之連絡,中隔珠江三角洲水網地帶,難以興築鉄道,遠不及香港之便利,至今陸道唯一路線為 本地與中山縣間之交通,有歧關道路, 由歧關行車公司辦理, 屬於一種商辦性質,於民國十四年 (1925) 建築汽車公路,十八年(1929)完成,即開始通車,路程約八十公里,自關閘北行,經北山嶺,前山,翠微古鶴,至蕭家村後,分為東西二幹路,西路經三鄉、白石、虎爪、湖洲、北台、恒尾、而達石歧;東路經下柵,翠亨,崖口,欖邊,大環等地亦會石歧。(見圖2) 以道里計,西路較捷於東路,行車各約二小時,西之路直通車僅需一小時半,以客運居多,貨物則以牲口及輕便之貨物為大宗。我抗戰期間,南華人口物資疏散多由此道。然此路經數次之破壞,而不能完全通車,往來頗感不便。影响於澳門之商業甚大。自我戰事結束後,該路已加緊修整恢復通　。

綜上所述, 可知澳門對外交通終為局部之發展。就航路而言, 不過與香港近距離之海岸交通及與廣州江門石歧等地之內河交通而已 ,

在陸道而言，亦僅與中山南部之往來，交通範圍殊形狹小，澳門久已失其中外交通孔道之作用矣。今後澳門苟在海上無法鑽營得一優良之新港口，在陸上與廣州間之鐵道，未完成以前，澳門對外交通前途，實甚黯淡。惟澳門築港甚有價值，大規模工程之實施，至有可能。

第 三 節　　市 區 交 通

市區交通乃市內及沿岸之交通，日臻發達，在澳門政府經營下，重要之馬路次第完成，(圖3)然澳門為一半島，島中有若干隆起之崗阜，高約十公尺至數十公尺不等，市區交通情形，深受地形之影响。最主要之幹線為新馬路，稱國民路或亞美打卑盧馬路，於民國四年築成，十四年重修，此路在全市之中心，橫穿島中丘陵最低之處而過；(今尚見此路之中部較其東西兩端為高)貫通東西兩岸，長約六百公尺，今己建三合土，車輛行人往來稱便，為市區之孔道，亦為本市最繁盛之市街，其次為板樟堂街，白馬行街，水坑尾街，及荷蘭園路等線連續而成一貫通本市南北之大道。此外婟些喇提督馬路渡船街可直達市區之西北部，為市內縱貫南北之第二大道。南環、西環、下環、河邊新街及火船頭路等，圍繞全市南半部之要道。北部及東部新闢地，其馬路皆平直廣濶，最合現代城市之需要，如柯高路，二龍喉馬路，提督馬路，俾利喇街及計劃中之新填地馬路等是。要之，澳門市區之馬路，受地形之影响，未免破碎，連接不易，市區東西之交通，除新馬路外，南北之交通除白馬行及婟些喇提督馬路外，往來殊感困難。此外尚有若干道路，為交通之要道，頗為繁盛，但甚狹窄，或鋪以花剛岩之碎石，尚未闢成馬路者，如草堆街，沙瀾仔街等是，車輛往來殊感不便。或則因山坡，而致道路傾斜較大，亦不便利，如龍嵩街，馬閣街……便是。至市區之交通工具，有交通汽車行走市內繁盛之街道，由東堤經新馬路，白馬行柯高路而至關閘，尚稱便利。其次為運貨車，多用以運輸煤、薪，米、蔬、果、牲口等。其次為黃包車多用以旅客

短距離往來之用。此外市內之交通運輸,尚有一重要之現象, 即肩挑及
背負,尤以附近馬路頭,沙梨頭,關閘一帶爲常見, 薪、米、蔬、果、牲口、
雜物之運輸,多用人力。

以沿岸交通言:一爲西岸對灣仔之交通,在火船頭海濱常有小槳艇
划渡,約需時二十分可達,灣仔爲中山縣屬之一鄉村,與澳門隔河相望,
產蔬菜甚多,與澳門相互有需供之關係,來往甚密, 其間槳艇約有二三
百艘。然澳門尚無一固定之碼頭,及完善之設備,以供貨物之起卸,殊感
不便(註2)。此外, 槳艇尚有來往, 前山銀坑,青洲等地,合計約有一千
艘。自前山至澳門沿岸船舶連接幾於無間, 中山縣與澳門關係,誠無分
界之可言,此關係中斷,澳門即成死市!

二爲澳門對氹仔及路環二島之交通,氹仔島較近約四公里,爲炮竹
工業地帶,有廣大之海灘,其中建設亦粗具城市之模形,有電燈及自來
水之供給。路環島較遠,約距八公里,有天然之海浴場, 夏日遊人如織。
此二島與澳門間已有電船往來,往氹仔島約需半小時,往路環島約需一
小時,但遇潮退,則不能來往。就普通情形而言,氹仔島沿岸游淺, 電船
抵埗不能泊岸,只以小艇接駁,據艇家言,潮落時海灘直伸數十丈,灘中
有滙,僅容小艇之出進。至於澳門之往路環島,在氹仔路環二島途中,亦
常有擱淺。

澳門本地之交通,南半部因地形之關係,崗陵間隔東西之交通, 難
以通　,全島南北之交通仍無一捷直之路線,未免不便。且澳門爲一歷
史悠久之都市,市街仍遺存不少昔日形態,不宜於新市區之發展。沿岸
交通與灣仔最密,但無固定碼頭之上落,此皆急須加以改良者。

第四節　郵電航空

澳門郵政局設於新馬路議事亭前地,各重要街道設置郵筒,以便投
遞。因市區地小,無須另設分局。其投遞各國之郵件多由香港轉往,投遞

我國內地者，多由廣州轉達，其寄往鄰近中山新會各縣之郵件，則逕付鄉渡遞寄，或由前山轉接。

　　無線電台設立於東北角之馬蛟石山上，可與里斯本直接通電，為澳門與葡國主要之連絡線。該台與香港廣州等地亦可通訊。此外尚有若干銀行及私人電台。市內架設有電話，尚稱方便。

　　航空方面，自1936年汛美航線成立，澳門成為汛美航線之終站。該航線由美國之舊金山(San Francisco)起經太平洋中心之檀香山(Honol'ula)，中途島(miaway Island)威克島(Wake Island)及間島(Garm)而至菲律濱之馬尼拉(Manila)，復延展至澳門為止。全航線長約 11,300公里，需時約一週可達。往年因澳門尚未有機場之故，飛剪號多降落於東岸海面上，須用駁艇登岸，旅客頗感不便，惟澳門以位置適中，將來航空，大可發展。今美國為發展太平洋航運事業，已極注意於此，正擬於路環島闢飛機場及倉庫，並計劃填海工程事，闢築新海港而與香港競爭(註3)可見其重要。

（註1）　最近三年澳門輪船及帆船出入噸數表，見1929年澳門年鑑。

年　　　份	1936	1937	1933
噸　　　數	2419.652	4,551.292	6,234.987

（註2）　何大章：「灣仔地理之研究」澳門「中法學生季刊」第二期，二十九年三月出版，又見中山大學地理系「地理集刊」第五六期二十九年四五月出版。

（註3）　見廣州建國日報三十五年六月廿五日

照片 11　　澳門之遠海漁船——網拖
　　　　　（何大章攝）

照片 12　　漁帆麕集之濠江　　（何大章攝）

照片 13　　南 環 海 岸 之 網 繒
（採自澳門摩登攝影室）

照片 14　　下環一帶之魚穫
（繆鴻基攝）

照片 15　　下環堤上之魚欄
（繆鴻基攝）

照片 16　澳門工業之一　燒磚窰
（繆鴻基攝）

照片 17　澳門工業之二　燒灰窰
（繆鴻基攝）

照片 18　關閘附近之菜田　（繆鴻基攝）

第五章　　經濟活動

澳門半島，土地狹小，岡陵起伏，既乏森林礦產之利，農業生產亦無可言，一切日常飲食所需，工業之主要原料及燃料，皆須由外輸入，交通又復落後，金融組織亦不健全，故其經濟活動，殊受限制，除漁業外，工商業均不發達，僅為一消費之城市，惟賭博娼妓及鴉片煙等特種事業反形活躍，有東方蒙地卡羅(Monte Carlo)之稱。

第一節　　特種事業

澳門經濟活動因漁業已衰落，工商業亦落後，本地收入不能自給，葡人竟利用其政治上之特殊地位，經營特種事業，以維持其城市之生命，世界上經濟不能自給之城市，向亦有藉特種事業以維持其生命者，如法國南境之蒙地卡羅以賭為業是也，澳門有東方蒙地卡羅之稱，除賭業之外，更有妓業及鴉片烟業，比西方之蒙城，尤有甚焉。

（一）賭業　我國各地皆厲行禁賭，視賭博為犯罪行為，一般人亦以賭為可恥之事，但在澳門則不然，政府公開准由承商投辦開賭，抽收賭餉，其數至鉅，據查每月約達葡幣二十餘萬元（1940年調查），為澳門政府收入之大宗。考賭博乃適應人類貪婪慾望與利用人類僥倖心理之一種騙局，不特本地居民趨之若鶩，且吸引其附近各城市如香港，廣州，石歧等地之居民，不遠千里而來，一博其命運者，賭場多集於市區內最繁盛之處，如清平直街，福隆新街怡安街等。其賭之種類甚多，其一為場賭，此即「番攤」或稱「四角」與「骰子」(註1.)是也。新馬路之中央為場賭之巨擘其餘分散各地，稱為「快活樓」「高慶坊」者是，計約有二十家(註2)，皆稱公司，如德成公司，榮生公司……等，以番攤為主，附有骰子者約佔其半，據聞全澳賭場由泰興總公司承辦，賭稅每年約葡幣一百八十萬元

（註3）爲澳門政府之主要財源。賭場工人共達七八百名，中央一處約佔三分之一，其餘各場佔三分之二。本地居民中不事生產，以賭爲業者亦多，各賭場中常躋蹐不堪，呼盧喝雉之聲，達於戶外，香港甚至廣州各地之人士，每於週末，亦多來澳消遣，一擲千金，在所不惜，幸而博得贏錢則大事揮霍，不幸而輸錢則按押飾物，甚或因牀頭金盡，自萌短見者亦有之，每有自中央酒店跳樓自殺，或於澳港船途中投海而死者；誠屬害人不淺。每屆舊曆新年，更隨街開設賭具，尤以福隆新街、十月切五街一帶爲盛，其間賭桌蛇連，帳幕櫛比，張燈結綵，儼然成一賭街，狂迷之情，可以想見。其二爲票賭，此即「舖票」「白鴿票」及「山票」等是，舖票有富貴榮華二廠，每月開彩六次，其中不少代收彩票之舖店，稱曰收票店，全市計約有四五十家（註4），且有持票到茶樓海舘招售者，每次投彩者常達數萬如獲中彩，在昔往往可得數百金至數千金。白鴿票有泰興廠，每日早午夜開彩三次，其投彩情形與舖票畧同，亦隨處有票店可以投彩，投彩者以本地居民爲多。於公司門前公開開彩，歡迎賭客參觀，高聲唱彩，並有霓虹光管，日夜廣告，最爲矚目，每屆開彩，市民鵠立於其門前圍觀者，人山人海，引領而望，一若決定其一生命運於此一刻焉。

（二）妓業　我國嚴禁娼妓，惟澳門則爲一種公開之事業，甚爲發達，成一紙醉金迷之城市，王孫公子每至此尋花問柳，不惜千金以買一笑者。妓業大別爲三等，其一爲「大寨」，集中於福隆新街，怡安街一帶，爲上等級，約有六十寨，每寨妓女多者二十人，少者六七人，共約一千人（註5）彼等常於入夜以後，濃裝盛飾，招搖過市，分赴各酒樓旅店中接客，或唱曲，或陪酒，每至深霄，猶聞鶯聲處處。其二爲「二寨」，集中於通商新街，爲二等級，計約有三十寨，每寨妓女多者十餘人，少者五六人，共約二百餘人（註6）彼等常於二樓接客，每屆黃昏，塗脂敷粉，侍門賣俏，以招狎客。其之爲「三寨」，集中於草堆街附近之騎樓街、聚龍里一帶，爲最下等級，計約有三十寨，每寨妓女約數人，共約百餘人（註7）彼

等不分日夜，輪流接客，其顧主多屬黑兵，印警及苦力等，其所處街巷，狹窄彎曲，污穢不堪，有如人間地獄。

（三）鴉片烟業　吸食鴉片爲一惡嗜好，戕賊身體，莫此爲甚。我國嚴厲禁止，惟澳門政府特許吸食，在其政府組織系統中特有 Administracao do Opio, 之設（註8）在火船頭路司打口公開設立「烟膏配製場」及「鴉片專賣局」，1933年澳門年鑑中公然刊出鴉片烟專賣章程，以便商民投承，故今市內滿布「談話室」「茶話室」等，此卽公開吸食鴉片之所，全市共計不下五十餘間，每間煙床多者三四十張，少者，十餘張，總計烟床約達千數。（註9）置身其中，但見鳩形鵠面者，橫床直竹，吞雲吐霧，居居之聲，不絕於耳，其中不少以其一日肩挑手拉所得血汗之資，盡付於此斗者，沉迷惡嗜，一至於此，至於市內公賣鴉片之商店亦甚多，每見店前懸掛小牌曰「公煙」者是也，全市共計有八十餘間，（註10）此多爲便利購回家中自用者。澳門各俱樂部及酒店內多有「烟局」之設備，普通人家亦以鴉片煙敬奉人客，至爲常見。

中央酒店屹立於全市最繁盛之新馬路中，堪稱爲澳門夜之總會，樓高七層，建築宏麗，二樓及七樓爲賭場，六樓爲茶樓酒菜部，日夜不息，三、四、及五樓爲旅業部，樓下爲西餐室，七樓並設有一華麗之跳舞廳，舞廳及酒菜部有氖虹光管廣告場賭開彩牌號，可以且舞且賭，亦可以且賭且酌，在旅店臥室內，在煙床上亦可令待役代步注賭，無勞玉步，店內酒菜，鴉片常備，招待週到，一室之內，嫖、賭、飲、吹，各適其適，既可飽醉，復可盡聲色之娛，窮奢極侈，無過於是。「中央」一地，乃爲澳門之真面目，本地一般居民視「中央」爲「快活林」流連忘返。每屆入夜，華燈初上，人影幢幢，紙醉金迷，通宵達旦，荒淫墮落，真一罪惡之淵藪耳。賭博鴉片之事業在澳門得以如此猖獗者，實爲葡政府有意之縱容，毒化市民，乃令澳門成爲一人間地獄之城市，實爲國際人類所不齒。

澳門地理（一九四六）

第二節　漁　業

　　澳門之經濟活動，特種事業以外，於生產方面者僅有漁業較爲發達。

　　澳門半島西岸與灣仔之間，爲濠江出口，深入成灣，可以避風，早以爲漁船停泊之所。自澳門開埠，海盜平息，漁業乃漸發達，時至今日，成爲華南漁業港之一，與廣海、陽江、汕頭齊名。數十年來，漁業貿易額達五六百萬元(註11)尤以在民國七八年直至二十三年間爲最盛時期，我國當局曾在灣仔設有漁區辦事處，管理漁務，其重要可見。惟自昔「九一八」東北淪陷以後，日本漁船南侵，刧奪我之漁利不少。且本地漁民資本不足，無輪船出海，無機械捕魚，墨守舊法，故魚獲不多，遠海漁業無由發展；反之，日本漁業昔有國家保護與獎勵，且器械進步，捕魚之量多，捕得之魚，直運往香港銷售，澳門漁業受此影响，發展大受障碍。且澳門漁業制度不良，漁民絕少組織，在海外我政府既無保護之力，抽稅又復繁重(註12)凡此種種實澳門漁業落後之主要原因。但漁業仍不失爲本地經濟活動之主幹，今日抗戰勝利國土重光，海權恢復，漁業大有前途。

　　澳門漁業可分別詳言之：

　　(一)漁業概況(漁民，漁船，漁法，魚類，魚攔)——澳門漁業甚爲複雜，在昔民國十年間，漁業發達，漁民約六萬餘人，佔全市人口之大部份，而今則僅餘三四萬人(註13香港尚有七八萬人)仍屬全市人口之主要份子，漁業在澳門之重要，由此可見。漁民大部爲我國蜑民，稱水上人，在船上居住，成一水村。以漁船言，約有數十種，其大小不一，用途各有不同，大者約千艘，有大𦫼，花尾(共約二百艘)綱罾(約三四百艘)摻罾(約三百餘艘)蝦罟(約五六百艘)等類，出海掛帆，利用風力；小者達二千艘，有罟仔(約四百艘)砲船(約二百艘)海門繪船(約百五十艘)釣魚船(約百餘艘等)等類，多以槳舵，用人力行駛。以捕魚技術而言，堪稱熟煉，有打鑼而知魚者，有嘗水味而知魚者，有聽水聲或魚鳴而知魚者，有察

天氣或水流而知魚者。至於捕魚之法因魚類所在地及鹽份而異,有砲驚法,有砲擊法,有拖網法,有撒網法,有海門罾法,有垂鈎法等,不一而足所獲魚類約有數十種之多, 全年皆產者有薰魚,鯪魚,鱠魚,紅三魚,鯰魚,鱸魚,比目魚,三鯠魚等,春季則以曹白魚,鰣魚,馬有魚,腰帶魚墨魚、大鱅魚獨盛,秋冬則以石斑魚、黃花魚、鱗魚、白條魚、大地魚、鯔魚、鱈魚等為盛,此外,蝦、蟹、蠔亦以秋冬季為最多,全年之中魚類最盛時為冬春,稱為旺月,夏季海外常有颶風發生, 漁船不便出海,稱為淡月。捕得之魚多在魚欄(魚類批售場)銷售, 由魚欄再運銷各地,其行銷範圍,除本地外,多運往香港、江門石、歧、廣州及其他沿海各城市。魚欄集於本地下環海傍, 常察風向而卜漁船歸來之方向及魚類,預先訂魚價,操縱市場, 漁欄多在下環街,在昔有六十餘家,殊為旺盛,今則僅餘三十餘家。(註14)大部係求維持現狀,今非昔比矣。

　　(二)漁業種類　澳門漁業有遠海漁業,近海漁業及沿海漁業之分,(1)遠海漁業,資本頗為充足,經營最大,其漁船大者,如大拖船,花尾船等是。(照片11)載重約千數百担,內容宏偉,除一家之人居船上外,另雇漁人甚多,往往一船容數十人至百餘人, 出海之期甚長,達十數日至一月,其魚場範圍遠至東沙羣島,萬山羣島,汕尾,陽江等地,船上設備完密,如帆纜,鎗砲,火藥等;其捕魚技術多,用砲擊或拖網,捕獲之魚類甚多,為薰魚、鱠魚、紅三魚、鰣魚、大地魚、墨魚、魷魚、鱈魚等, 其量甚大除多醃成鹹魚及海味外, 多為鮮魚,漁主在船上領帶全船之人工作,如首領焉。在昔獲利甚豐,其生活頗為優裕。(常自延冬烘先生在船上課其子讀書,半漁半儒,可想見矣)然此種漁業久已衰退,蓋遠海漁業昔日不易與日本競爭,而在我國抗戰初期,遠海漁船已為日本所擊燬殆盡也。遠海漁業實最具發展性,今遭此打擊,為本澳漁業衰落之一外因。(2)近海漁業。規模較小,今本澳漁業亦以此為重要,其漁船較小,為網罾、捨罾,蝦罟等是(照片11)船中漁人較少,約二十人,出海之期較短,約二三

日或五六日，其漁場範圍為中山縣海外三灶、南水、北水、香港、大嶼、担桿山、伶仃，九洲及淇澳等，網拖用二船，以砲驚魚，以網拖魚；捹罾用砲擊，以二船捹魚，所捕之魚為紅三魚，曹白魚，馬有魚，腰帶魚，鯧魚，大鰽魚，比目魚，三來魚；蝦罾船亦用網，多捕銀蝦，亦捕鱸魚，鱭魚，比目魚等。此外用海門罾法等，在海水較淺之處豎柱張罾，多捕蝦及小魚；垂釣法則在海外各海角或礁石附近釣取石斑魚等。近海魚業為今澳門漁業最發達之一種，尤以蝦罾漁業最為盛，蓋遠海漁業已受打擊，漁人不得不退而為近海漁業。(2)沿海漁業即在本地及附近之島嶼沿岸捕蝦、蟹，養蠔等事業，其經營較易，捕蝦有罾仔船及舢板船等，一日往返，捕蟹之船有名蟹板，常於夜間出海，盛見於秋冬，其種類有膏蟹，肉蟹，白蟹，現有蟹欄約十數家。養蠔則以在黑沙環路環為最多，宜於鹹淡水接觸之海灘，以人工蓄養，二三年後，蠔肥可採，除供鮮食外，多製成蠔油及蠔豉。此外在西環沿岸海岬亦多有數設棚罾(照片13)捕魚蝦者約有八九處，在沿岸以小船撒網捕魚者亦甚多，然資本甚少，捕魚範圍不廣，難以發展。

　　(三)漁業制度　澳門漁業制度不良，其中有大漁主小漁主及漁人之分，大漁主在下環海傍開設魚欄(照片15)，幾壟斷全澳漁業。出資本交漁船與漁人，出海捕魚，捕得之魚全屬大漁主所有，漁主祇付些許工值與漁人。小漁主缺乏漁船及資本，不能出海，乃向大漁主貸款若干，稱為「欄信」，出海之前，先備糧食，雇漁人，共同出海，捕得之魚，盡以賤價售與該債主之漁欄，售價常被迫較市場魚價為低，復由魚欄扣成數給值扣去之數謂之「欄佣」，佣金昔達百分之八。今則更巨。此外復扣其貸款應付之利息，利息以前常達三分至四分，種種剝削，若所獲不多，則此一筆巨債，實難以償還，其一生無異於為大漁主之牛馬。據著者調查，一欄祇貸款於蝦罾船者已達百餘艘，無異操縱魚價。至於漁人，既無漁船，又無資本，只供他人之僱用。一生為漁主驅使，只持其熟練之技巧與冒險

之精神，輾轉於驚濤巨浪中，博得漁主些許工值耳。漁人之數甚多，為漁業之基本份子，然其地位若此，漁業何能發展？此為澳門漁業衰落之內因。

澳門漁業之自然條件非為不良，然在人事上受種種之打擊與阻礙，殊堪可惜，苟能切實加以改善，發展前途未可限量也。

第三節　工　業

澳門工業之發展所具之條件甚為特殊，蓋其間原料及燃料皆付缺如，工業基礎甚為脆弱，然有多種工業原料及製造品之捐稅遠輕於中國內地，且市內人力堪稱充足，故有多種小工業在澳門頗形發達，尤以手工業為然，其著者有如下數種：

（一）造船工業　此種工業為製造木船，澳門以前漁業所需漁船甚多，此外漁船及其他小船（如陽江艇）等，亦在本地製造，故船工業為一切工業之最發者達。船廠甚多，大部集中於本島之西北沿岸如提督馬路一帶，有船廠約三十餘家，其中有創設已逾四十餘年者（和記船廠於清同治十六年始創），為本澳最古之船廠，今則以漁業衰落，船工業亦隨而冷淡。不少昔日之船廠，其鋪面已改業雜貨，工廠內部已零落不堪，其一部且租與他人貯存柴薪及竹枝等，並有不少已歇業者，計今船廠祇二十餘家，大者有和記，明生號，大節號，生隆號，泰益號，大信號等數廠，所製之船多為中國式，大小不一，小者為舢舨陽江艇等，大者為花尾船蝦罟船及商船駁艇之類，每廠每年營利約二十餘萬元（註14）此外尚有葡人經營之船塢，一在媽閣，一在黑沙環，一在筷子基，一在青洲，多作修理船舶之用。

（二）鋸木及製木工業。此種工業每與船工業同一盛衰，因船工業所需之木料皆須裁鋸，槳櫓及其他木器皆須製木，在昔船業興盛，甚為發達，其木料來源，杉木多來自內地，雜木則多取自香港，運輸皆甚便利，其工廠貨倉甚為廣大，內部頗為宏偉，大部亦集中於西北部沿岸提督馬

路及新填地,如宏泰號,建興號,林棧號等共約二十餘家,(註15)至於製木工業除上述區域外多集於議事亭前地及板樟堂街,多爲製造,樟木橋運輸國外。

（三）炮竹及火柴工業 此二種工業皆以澳門特殊之條件而產生者,因澳門對硝藥料抽稅甚經,故商人多樂於經營,原料自外運入,甚爲相宜,且此種工業, 工作手續繁多, 最宜於手工製造,本地人力甚稱充足,工值低廉,其工人爲我國之童工及女工,工作精細,故砲竹工業及火柴工業在澳門之生產甚爲適宜,今西北部提督馬路等地已建立不少火柴工廠,在氹仔尤然。計有昌明號,東興號,大光號等數家(註15),昌明號廠創輯於民國十二年,每年營業值五千萬元。男女工約七百名,其出品多銷於南洋港澳各地, 原料多用國貨,一部則由歐洲運來。砲竹廠多在氹仔,現有廣興泰號,廣興隆號,謙源號, 益隆號等數家,以在氹仔之廣興泰號,廣興隆號爲最大,工廠面積數畝, 亦多用女工,全用手工,每廠工人常達千名,營業亦甚發達,銷路更廣,遠至南洋及美洲各地。

爆竹火柴工業除在工業廠作工外,亦可發給材料與工人回家工作,定期交貨,成爲澳門家庭工業之一,其工值雖賤,但居民爲生活所迫,亦樂爲之,每見窮苦之家,其門前圍坐無數婦孺,低頭信手,此即捲炮竹插引孔或捲火柴盒之工作也。

（四）香煙工業 煙草在中國內地徵稅甚重,而澳門則輕,(註16)香煙工廠在昔約十餘家,朱昌記及昌盛正號二家,開設於下環街 ,已有百餘年,工業頗發達,其工場散處於市內,今有南粵,合衆,廣東,國香等公司,及呂宋煙之達昌,泰昌等公司, 合計約十餘家,所產香煙尚稱精美,尤以南粵公司,在澳門開設已有十餘年,均爲華商投資,原料之煙葉多由鶴山新寧運來,甚爲便利, 全廠男女工百餘名,煙葉製造價值年達七八十萬元,大部係輸出,出口行銷南洋,廣州灣,廣西省,雲南省等。貿易本甚發達,惜近年已漸衰落矣(註17)

（五）　神香及蚊香工業　神香爲我國人醉神必需品，尤以漁船燒香爲多，其銷路甚暢，全用人工製造，並爲家庭工業之一，全市神香店有二十三家，據民國二十八年爲十九家，年貿易額一千五百萬元，以陳聯興號等數家贏利最大。蚊香有保血蚊香廠等數家，原料爲除蟲藥自南菲洲及我國之安徽省運來，除蟲草由廣東省中山寶安東莞等縣運來。皆甚便利。（註18）男女工人數百名，年產價值在昔有二百五十萬元，遠銷南洋菲洲澳洲與美洲等地。

（六）釀酒及醬油工業　酒之製造在澳門抽稅亦甚輕（註19），原料爲米糙，自中山及香港運入，皆甚便利，釀酒工業在澳門甚爲發達，品質且甚精良，出口甚暢，年約四十萬元，其工場散處於市內，如朱廣蘭號、永利威號等家是，在青洲更有大規模之酒廠多家，全澳共計酒廠約四五十家。（註20）醬油之原料爲鹽、糖、蝦、蠔及豆等。在澳門或有出產，或自別處運來，以供製造，製成豉油，生油，蝦醬，蠔油等，其工場多在西岸及西北部，其著者有同益號，新德隆號，和益號，致和祥號，百花魁號，鴻合號等數家，出品著名中外，銷售於本市及中國內地沿海外各處，爲本地出口之大宗。

（七）燒磚及燒灰工業　城市之建築需用磚及灰甚多，以燒磚工業而言，澳門沿海盛行堆積，此種堆積物盡爲微泥，爲極佳之製磚原料，故磚工業應甚發達，查六七年前在青洲已有龐大之磚廠設立，用機械製造，以煤爲燃料，有窰十餘，烟筒五六，規模甚大，惜已停工，其原因或謂其工作不精，或謂其銷路不暢，或謂其人事不和，但以筆者臆測，其停工之重要原因，當係燃料之缺乏，不過以今其廠址宏偉之遺跡觀之，可見昔日經營之苦心也，本興磚灰工業，至今於舊廠址之側，另設一小規模之工場，（照片16）僅有一烟筒及一窰，工人十數，全用人工製造以杉枝爲燃料，惟製成之磚頗佳，人亦樂用之，燒磚工業在澳門如燃料充足，則當有發展之希望。燒灰工業以本地所產之蠔殼爲原料，甚爲充足，與磚工業

同，亦缺之原料，不過燒灰所需之原料較少，較易支持，今燒灰工廠有二，(照片17)均在青洲，其一且附屬於磚工場焉。

此外，澳門之工業尚多，棉織工廠如全新號，富華號，中亞號等織等廠，歷年營業約或達五十餘萬元，一部用機械製。雪廠如中山號，聯發號等數家；梘廠，如好景號，合和號，光亞號等家，樹膠廠在青洲有二家，醃魚廠，米粉廠，染料廠，玻璃廠罐頭廠等，則在市內，尤以手工業之工廠為盛行，他如織蓆、掃帚、籮、網、纜等，且屬家庭工業，沙梨頭附近下環街一帶，最為常見。

茲據澳門政府估計，澳門工業所產輸出值於正常時期約為一千萬元，列表如下：

表19　澳門歷年工業生產輸出平均價值估計表(單位葡元)

魚及魚產	2,500,000
炮　竹	1,500,000
火　柴	1,500,000
罐　頭	800,000
肉桂油	750,000
棉織(機，手中，)	500,000
中國酒	400,000
豆　油	300,000
合　計	9,450,000

總之，澳門以對外交通不發達，本地亦之原料與動力，大工業之建立不易，故大部份工業局停滯於手工業階段，尤以家庭工業為主要。

第四節　商　業

本澳商業，以交通範圍不廣，貨物之往來甚少，而本地人口亦不多約十五萬人)正常之消費不大，本地之生產，除漁業外，其他工業之生產不多，不足為人所仰給，而又邇近香港，中外貿易中心，已為香港所穩佔。今澳門之貿易範圍已大為縮小，其範圍只限於香港中山新會廣州之

問耳。至於市內商店亦不甚多，商業日就衰落，茲以其歷年貿易出入口額視之，至爲顯明1932年至1933年間強可維持四千萬至五千萬元之數，其後除1937年外，各年均見劇減。

表20　澳門歷年對外貿易表　（單位葡元）

年　份	入　　口	出　　口	合　　計
1930	21,503,631	11,400,000	32,908,631
1931	28,221,204	14,531 216	42,504,030
1932	34,123,994	15,012,422	49,136,365
1933	30,040,699	12,495,161	42,585,364
1934	23,950,459(?)	8,571,482	32,521,941
1935	19,621,058	10,336,461	29,957,519
1936	15,743,585	9,143,627	24,887,212
1937	20,292,593	15,438,634	35,731,327
1938	23,434,583	20,538,9 5	49,173,489

民國二十一年（1932年）總計爲49,136,365元，惟其後數年則日漸減少，民國廿五年即我國抗戰前一年竟減至20.957.519元，較之戰前幾減一半。葡政府經濟局長羅保(P. J. Lobo)於1986年澳門年鑑中序文有言曰：「現當不景氣時期，澳門市場不能稱爲繁榮，且發現困難之點甚多，商業又停滯不前……澳門商業之活動依目下情形而論，其力甚屬薄弱，必需憑藉鄰近市場方能獲其需要，所以澳門市場，事實上實爲鄰近市場之附庸，而貿易之平衡，近日相差益遠也」（註21）其商業之衰落之原因可盡見矣。

惟自我國抗戰，民國三十七年華南戰事橫大後，澳門人口增多，商業驟見繁盛，1937 年貿易數額已增至 35.731.327 元，民國二十七年(1938) 年貿易總值達·49.173.489元，誠屬非常之現象。以其貿易範圍言，甚爲狹小，其對外貿易以香港爲最多，其次廣州、中山縣、新會縣各地,此外,尚有與伊朗中國沿海各地及南洋等地之往來。以貿易商品言，輸入貨物多自香港來，主要爲米、白糖、木料、煤、鴉片等，次爲由中國沿海入口，主要爲柴薪、木料、竹、牲口等。由廣州入口以傢私減最多，由中山縣入口，以豬魚菜蔬爲最多。輸出貨物本地生產者，除供本地用外，

大多轉往香港及中國沿海各地，海鮮鹹魚及蠔豉等多有專船運輸，以運往香港，廣州，中山縣、新會縣及中國沿海各地為最多；工業所產火柴、酒、爆竹多運往香港及中國沿海，或轉運南洋美洲等地，香烟、神香則多運往香港中山新會二縣及我國內地；至於過境之貨物亦多，米多由香港入口，供本地消費外或由中山，但亦有由中山縣運入，麵粉、白糖、紙、布、英坭及其他洋貨則係由香港運入，除本地消費外，大部份為運往廣州中山及新會二縣。至於猪口、椰菜、黃瓜、香蕉、荔枝、木材、塘魚，則多係由中山新會二縣運來，除供本地消費外，則駁運香港。

21　澳門對外貿易表　1931年 單位葡元

一、入口貨

1 自香港入口		4. 由中山縣陸路入口	
白糖	1,830,940	瓜	658
米	3,596,608	薯	2,685
煤	760,470	甜薯	37,647
麵粉	612,676	洋葱	33,642
布	798,006	青豆	88,353
木料	1,319,175	羗	33,179
生油	339,502	牛	879
紙	398,862	水牛	3,764
火水	693,664	鷄	53,445
烟葉	565,252	鵝	16,110
中國紙烟	691,163	猪	203,422
鴉片烟坭	1,500,000	蔬菜	179,453
合　計	19,051,368	芋	36,537
附註：鴉片由伊朗轉運		猪仔	16,476
		蠔	201,664
2. 由中國沿海入口		鮮魚	14,437
魚	610,869	黃瓜	23,505
鳥類牲口	578,560	辣椒	15,577
茶	137,235	鴨	40,894
蓆	395,323	鴨雛	7,394
果	471,893	鷄旦及鴨旦	1,897
柴	745,406	番茄	8,919
籐	496,137	合　計	1,057,091
合　計	4,336,493		
		5. 其他	
3. 由廣州入口			
杉	147,035	由台灣來——煤	4,000
果	133,205	由廣州灣來——牲口	9,360
條私	166,945	由帝汶來——其他	1,300
英石	111,897	合　計	14,660
合　計	1,150,807		

入口——(1),(2),(3),(4)及(5)合計26,110,365葡元

二、出口貨

1. 往香港

米	126,687
茶	111,352
食品	452,754
罐頭	475,758
皮料	143,633
什物	432,984
布	106,093
綢	149,169
火柴	1,336,354
藥	248,664
牛油	490,902
蠔油	54,710
蠔豉	753,694
蛋	117,759
炮仗	504,603
咸魚	33,137
神香	558,021
香粉	54,445
烟葉	115,191
紙烟	70,711
呂宋烟	96,808
烟絲	178,590
合其他計	8,223,601

2. 往中國沿海各埠

白糖	274,734
米	183,764
什糧	37,483
食品	47,483
火柴	47,992
粉	161,730
黃糖	65,163
木料	77,970
海味	46,707
藥	70,069
咸魚	661,673
火水	464,478
紙烟	261,187
呂宋	1,410
烟絲	109,021
合其他計	3,657,964

3. 往廣州

什貨	144,570
咸魚	247,285
紙烟	30,891
呂宋	21,780
合其他計	567,790

4. 往中國內地各埠（中山江門其他）

英妮	714,712
魚乾	296,021
中國酒	237,267
外國酒	177,087
合其他計	1,435,046

5. 由陸道往中山縣

白糖	22,785
米	83,854
咸魚	81,765
合其他計	189,768

6. 往其他地

往泰國——香烟及其他	7,365
往星加波——香烟及其他	286,673
往轄能——香烟及其他	46,417
往爪哇——香烟及其他	67,611
合 計	401,066

出口——(1)(2)(3)(4)(5)及(6)合計14,475,207葡元

澳門本地商業之種類，皆未成行市，僅有魚鮮牲口洋雜及旅居事業較爲發達。

（一）普通商業

（1）魚鮮業——本地所產之魚在就地銷售及辦理出口者甚多，故魚鮮業甚盛，全市有鮮魚欄三十餘家，集於西環下環海岸，塘魚欄十餘家，鹹魚欄二十餘家（註22），集中於火船頭一部由各欄分發於各市場以應需求，生意頗盛。

（2）牲口業——本澳之牲口除本地畧有鴨及羊一小部出產外。大部多自廣州灣中山縣運來，除運出香港外，多在本地消費，牲口以豬鴨及鷄為多，牲口欄多集於沙梨頭一帶，約有二十餘家。（註23）

（3）蔬果業——本地蔬果除北部填地畧有出產外，大部多來自中山新會二縣各地，除運出香港外，多在本地消部，蔬菜以白菜，椰菜……等為主，生果則以柑、柚、香蕉為多，更有自遠處或香港運來者，如橙、葡萄……等，菜果欄多集於關前街，果欄街附近，約有三四十家（註24）。

（4）米糧業——本地米糧多自香港及中山縣運來，每視其價格而異，大部份為輯運性質，其餘則供本地消費，米糧業大部集於火船頭，十月初五街一帶，民國三十年(1941年)香港陷後，海外交通困難，米糧多仰給於中山縣，全澳米店約有三十餘家（註25）。

（5）洋什疋頭貨業——澳門洋貨多自香港運來，本地製造亦有之，舉凡日用一切大都具備，本地為一城市，居民消費洋貨頗多，洋貨店多集於新馬路，草堆街，營地街等，商業頗盛。疋頭店約有六七十家，洋什貨店約四五十家（註26）。

（6）杉木業及柴炭業——本地杉木多自廣東西江沿岸運來，多為松杉……等，供本地工業之用，杉木店多集中於西部海岸提督馬路一帶，大者五六家，小者十餘家（註27）。柴炭亦來自中山縣及西江沿岸各地，大部轉運往香港，消費亦頗多。

（一）特色之商業——澳門特色之商業具有特異之人為條件，其主要如下：

(1)酒菜業——多集中於新馬路及福隆新街一帶，稱爲酒家，酒店等，最大爲金城，金門、國際，大者約十家，小者約七八十家（註28）。人皆視澳門爲銷金窩，朝歌夜宴，習以爲常，故此等生意，實甚興隆。

(2)旅業——本澳人口雖少，但流動之人口甚多，鄰近香港中山，新會二縣廣州各地富有人家每至此地作不正常之娛樂，興罷則返，故在澳暫時居留之人甚多，旅居事業殊爲發達，經營大者稱酒店，小者稱旅店或客棧，多集於碼頭附近一帶及新馬路等地，最大者爲中央酒店，國際酒店，東亞酒店等，營此業大者計約十餘家，小者約八九十間（註29）。

(3)當押業——其經營有大小，分散於市內各地，大者稱曰大押或按，計有十四家，小者稱曰押，約有二十餘家，收買舊料店約五十餘家（註30）。爲本地不正常之消費，每易使人床頭金盡，不得不出之於典當，故營此業多在賭館鄰近之街道，以新馬路、福隆新街……等地爲多，抽收重利，「九出十三歸」。按期短促，少則十天，一如掠獲。

(4)金融業——本澳爲一金融混雜之城市，往昔以廣東省硬洋爲本位，今則改以葡幣爲本位，惟金融市場則五光十色，硬洋、葡幣、國幣均有市價或通用（註31），且各種幣制之價值起跌無常，不數日間，其差甚大，找換店每因此而獲鉅利，爲本市最有威權之商業，經營此業者大小約共有十餘家，大者稱曰銀號，約有五家（註32），如富有、富德、同德、致祥等，小計稱曰銀店或曰找換店，大部集中於十月初五街，新馬路，營地街等地。其他各地街道要衝之處有之，（常於十字路口附屬於其他大商店一角之內）其鋪面雖狹小，但出入之銀錢甚多，恐歹徒之搶劫，常以鐵柵自固。其營利概況甚佳，全市經濟活動幾操縱在此等商人之手，凡找換錢銀者備受其剝削。

此外，本地商業，特見興盛者爲什貨店，約二百餘家，中西藥品店，製藥店約一百家，中醫生約有百餘人（註33）。由此觀之，本市商業，實以具有本地特色者爲最活躍，其原因概由於特種事業之發達及政治特殊有以致之。

（註1）　番攤，——以一錢分四角，設一二三四各牌，另以象牙粒或瓷粒一堆，以銀盅覆其上，俟賭客買牌定後，即將銀盅揭開，主攤者以竹竿靜心數計，四粒爲一數，以其最後留存之一數爲開彩牌號，若爲三粒則注三者爲勝，即賭客可由一至四之數，任意選擇，或一注可買兩份，稱爲「買角」。如一與二，或二與

三是也。膆者將全部贏得之賭金留下十分一作為紅賬，大抵每次贏得之數為賭金之三倍。骰子俗稱骰仔，以骨為骰，為一正方體之小粒，其面分刻一、二、三、四、五及六各數號，三粒湊合，置於玻璃罩盆盅之內，以女工搖盤，視其三骰子上向之數號為開彩牌號，其注賭之方式甚多，有稱買「大小」，有稱買「天九」，有稱買「全骰」等，最普通者為買「大小」，以骰面之數目相加，於卜點以下者曰「小」，反之則曰「大」。

　　（註2——7）　著者調查
　　（註8）　見 Anuario de Macau——1989, P. 427.
　　（註9）　著者調查
　　（註10）　據澳門年鑑歷年刊載數字及澳門海港工程局出版之 Macau, P. 15
　　（註11）　抽稅種類，據筆者調查凡七十餘種：有船駁捐，漁票捐，秤捐，尺捐，網捐，鹽捐，爆烈品捐等——據香港國民日報○月○日載「海外漁民捐稅多至三百種，政府正在取締中。」
　　（註12——註15）　著者調查
　　（註16）　據 Anuario de Macau……1939載，澳門烟稅：1930年二月八日第114號立法證書規定凡外國入口之烟在澳消費者，按征稅30%……惟查此項辦法與國章利益殊不相宜……現以將此按值征稅之法改為確定稅…………
　　（第一）　甲——捲煙 50,000 枝在澳門賣價 320 元以下者征稅 50 元
　　　　　　　乙——捲煙 50,00C 枝在澳門賣價 320 元以上者征稅 110 元
　　（第二）　凡在澳門製造之烟依第一欵稅率折半徵收之
　　（第三）　凡中央或別屬乎製烟及生烟運入澳門者免徵稅
　　（第四）　凡別國生烟運入澳門製造或呂宋烟或烟絲者免征第一欵之稅
　　（第五）　（署）
　　（第六）　凡由澳門轉運出口之烟照舊免稅
　　（註17——18）　著者調查
　　（註19）　據 Anuario de Macau 1939：澳門酒稅，1934年八月八日1131號立法證。
　　（註20）　著者調查
　　（註21）　據 Anuario de Macau——1936

The economic crisis Frevailing in South China does not enable us to to state that the situatiur of Macao is in a flourishing condition. The difficultive to be overcome are enormous and stagnation of business not only became of the exchange situation But also of the silver policy…… ……and because the colony has to depend on neighbouring markets, the result is an unfavourable trade baiance

　　（註22——註33）　著者調查並參考照 Anuario de Macau——1939.

照片 19　澳門最幽靜之住居——南環　（何大章攝）

照片 20　澳門最汙濁之市街——福隆新街
（廣州中山日報社贈）

照片 21　　澳門市中心區鳥瞰之一 —— 火船頭
（探自 1939 年澳門年鑑）

照片 22　　澳門市中心區鳥瞰之二 —— 新馬路
（探自 1939 年澳門年鑑）

第六章　　都市形態

第一節　　住居之拓展

澳門之住居,約始於宋、元,其最早之住居,料在巴達泉 (Patone) 附近及洞口(Cameos grotto) 周圍之地(註1),蓋以其附近有泉水及石材,可以供飲水及建屋材料也(註2)。內港附近風浪平靜,早已成為漁家聚泊之所,而陸上居民與之交易,市場亦於是發生。其點地約在今火船頭路,泗孟街,草堆街西端一帶,試觀其今日市　路線,大小不一,漫無規律,顯係由昔日逐漸發展而成者。至於葡人最初來澳門之地點,據澳門記畧稱:「明嘉靖十四年都指揮黃慶,請上官移泊口於濠鏡」。似在今之南環海濱,其後1557年(明嘉靖二十三年)葡人託言爾風濤,向我租地曝晒水漬物,遂開始登陸居住。惟所租之地僅況於濠鏡泊口,似在今日南灣沿岸山崖海邊之地。據香山縣志云「因山勢高下,築屋如蜂房蟺蛭者,澳夷之居也」,可想見當日情景。今之議事亭前地,似為當日葡人與我國人交易之塲所。

葡人入居澳門之初,因當地建築木材缺乏,僅以茅草結屋,藉蔽風雨。據俞大猷信中所云:「葡人築屋,用強梗法」,又據澳門記畧云:「初僅茇舍,商人牟利者,漸運瓴檻椔為屋……高棟飛甍,櫛比相望……久之,遂為所據。可知葡人在澳門定居之初,住居極為簡陋,實係臨久建築性質,其後始漸有蓋瓦磚屋,進而作長久之佔居焉。

澳門地勢,丘陵起伏,故昔日一般住居位置多在低地,我國人初居於西北岸火船頭路,草堆街西端而迄白鴿巢以西一帶之地,葡人則居於南環沿岸及新馬路南端一帶之地。兩區之間藉新馬路而來往。相沿至今,我國人多居於舊市及擴展至關前街下環街一帶,而葡人則居於南環,其後擴展至西環及扳樟堂白馬行等地。澳門北部之塔石,龍田,望厦等村,昔為我中山縣屬之村居,田盧相望,雞犬相聞,直至1848 年(清道

光二十八年)後,始爲葡人佔,拆燬我民居,開闢馬路,爲今日澳門新市區所在。半島中部之新馬路橫貫東西兩岸,爲島上最主要之東西交通線,成爲住居最密之商業中心。

第二節 房屋之形式

澳門之住居形式,東西參混,實爲複雜。有中國式之廳堂大廈,有西洋式之高樓洋房,有明代建築之古廟,有中古時代羅馬式之教堂,古今中外之屋式,無不具備。其建築多就地取材,最古建築之房屋多沿山坡,利用當地之石材,堆砌成牆,一般房屋甚爲狹小。如在沙梨頭,白鴿巢公園西坡及馬閣街所見者是,中國式房屋爲我國人口及移居於此者,故建築形式恆不改舊習,作平房式大廈堂堂,前有門廊,次爲天階,中有客廳,後有神位,既深且廣,有如大府,如在塔石盧家花園內及水坑尾一帶所見是。至若西洋屋式類多有二樓,有走廊,四面開窗,門眉多作圓拱形,紅牆粉壁,頗爲美觀。

澳門爲一中外雜處歷史悠久之城市,數百年來,中外文化合流,互相摹倣,自難於一地得見標準之屋式。惟有一普遍現象,即當地之屋式雖異,但其窗門多用百葉窗式,可隨意啓閉,以防止風雨及日光之侵入,又其走廊門眉多作圓拱形,以避日光之直射,此種特殊之屋式或爲葡人自地中海傳來,然與本地之氣候亦甚適應也。(照片15及19)

第三節 市區之分布

自西望洋山頂俯瞰,澳門全島盡在目中,全島酷肖一小靴,馬閣其尖也。半島之北爲土腰,曰蓮花蒂,連接中山縣境,爲澳門至中山縣陸路交通唯一之要道,關閘在焉。土腰之西爲青洲,遠望宛在水中央,煙突矗立,爲士敏土廠、燒磚廠及燒灰爐所在,青洲之南爲筷子基房舍櫛比,有

如鴿巢，平民住宅區地。半島之北角爲馬交石山，電桿矗立，爲澳門無線電台所在。東部爲台山，青松密布，山顛燈塔矗立，東部爲一片坭黃色之新填地，海濱爲夏天海浴場，其外爲避風塘，乃船舶避風浪之所。大炮台山突起半島之中央，雄擄山頂，石牌坊巍然立於炮台之側，直參雲霄，大炮台以南，屋宇蝟集紅牆綠壁，鮮艷奪目，遙見二三高樓巍然卓立，煙座漫漫，此澳門最繁盛之新馬路也。西望濠江，帆檣麕集，沿岸碼頭排列，爲澳門對外交通之要區。南環西環一帶，海堤紆曲，綠樹成陰，爲澳門風景最清幽之地。

　　澳門都市形態，實深受地形與歷史之影响。因崗陵起伏，住居一般多在低地，市區主要部份位於半島之西岸及中部，其人口聚落由來已密。其後逐漸拓展於附近矮小之山坡，如紅窗門街龍嵩街及媽閣街等地，沿山築室，路面傾斜，不便行車，繁盛之商業區，即以此爲限。

　　綜觀澳門之市區形態，可大別爲四區(圖13)：(1)商業區——在新馬路火船頭路，康公廟前地，草堆街十月初五街，營地街及清平街一帶，人口最稠密爲内外交通之中心區，港澳省澳輪船碼頭此關公司車站及出口内地各江船隻，甚至往來對河灣仔之小艇均集中於此。照擾往來，人聲鼎沸，澳門最大之商業建築物如中央酒店，國際酒店，東亞酒店及百貨公司疋頭洋貨店亦集中此間，營地街及十月初五街新馬路交界之十字路口，商店稠密，樓高四層，比比皆是，(圖14)車輛行人，往來如織。普通商業之分布，洋雜貨店多在新馬路，及營地街，金銀找換店多在新馬路及十月初五街，糧食牲口商店多在火船頭路，布疋店多在草堆街，特種事業賭館，妓寨，鴉片煙室多在清平街，怡安街福隆新街通商新街，酒樓茶館，按押店亦多集中於。入夜燈紅酒綠，通宵達旦。(2)漁業區——在下環一帶，長及一二公里，出入漁船即停泊於此，沿岸魚欄櫛比，不下五六十家，類皆二層建築，有專設碼頭以便漁船上落。黃昏之際漁船齊歸，即將魚穉堆於堤上，纍纍如山，過秤記數，至形忙碌，馬路兩旁

圖13　　澳門市區形態圖之一

亦常有晒鹹魚等，五光十色。(3)工業區——在西北部提有馬路，青州，
筷子基等曝晒魚乾地，多屬造船，鋸木，釀酒，製醬及火柴工廠等廠廠址
寬大，設有船塢，鋸木場及晒場等，往來多屬工人，步徑其間時聞鋸斧之
聲；至於燒磚廠及燒灰廠則多在青州。釀酒廠於膠廠亦樹於是，漸成為
澳門之一工業區。(4)區宅區——半島各地均有住宅，較為分散。舊住宅
區大部在白鴿巢公園以南一帶沙梨頭等地，及商業區之外圍關前山等
地，其後拓展於下西環馬閣一帶居民多屬我國人。其間　道狹小，從無
次序，今日若干地區已開成馬路或拓寬　道，惟仍不改舊觀，房屋多屬
舊式，矮小黑暗。新住宅區在半島東北部二龍喉，柯高路荷蘭園及南環
一帶，大部為葡人逐漸擴佔之地，馬路筆直，房屋建築多屬西式，寬大通
敞，多建有騎樓，周圍並有一小花園，地方雅潔，多為葡人及富有之中國
所居住。此外尚有二處新闢住宅區，一在筷子基，一在台山，街巷比齊，

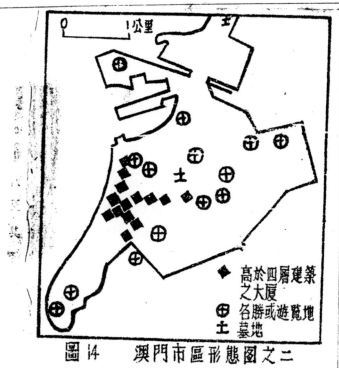

圖14　澳門市區形態圖之二

屋式劃一,均屬一棟式平房,排列如鴿巢,租與貧民居住,咸為平民住宅區。葡國政府機關多在南環,議事亭前地及龍嵩街附近。

　　半島東部新填地,工程經已完成,計劃闢為新市區及新住宅區,建有三合土大道若干,惟以澳門經濟落後,新市區計劃一時尚難以實現,至今尚荒無人居。島中蓮峰山,松山,西望洋山媽閣山及青洲山等,今為葡人炮台守望地不准平民居住,關閘土腰兩旁,遍植蔬菜,為澳門唯一之農藝區(照片18),附近居民多事種植,茅舍草廬,宛成小村,別有田家風味。關閘為葡人拓築之關口,作圓拱形,儼然如一小城門,令人觸目驚心, 關閘大道上肩挑背負者絡繹於途。關閘以外沙兩堤旁盡屬墓地,荒塚纍纍,足見門與歷史之悠久與人口之密集矣。

(註1)　見H.Bernarl著:天主教十六世紀在華傳教誌。

(註2)　香山縣誌「自乾隆五十四年(1789年)有閩潮人在此鑿山取石,今屯集數千人」

第七章　澳門之將來

第一節　政治問題之解決

　　考葡人之盤據澳門，實屬乘機侵佔性質。1535年（明嘉靖十四年）葡人賄賂前山守官租借馬交，爲碇舶之所歲輸課二萬金，Macau 之能於「泊口」一名，可見當日葡人所租者僅一泊口耳，（註1）嘉靖三十二年（1553年）葡人託言舟觸風濤，請借澳門陸地，以曝水漬貢物，開始在陸上擴張租地，萬曆九年(1581年)　葡人改納年租爲五百金，至道光二十九年(1849年) 竟藉辭抗不繳租，實行強佔，違背租借信義，其後復逐逐暗中拓佔土地，崗沙、塔石、望廈 龍田等地居民之被逐，氹仔路環島之被佔，實等侵署。

　　直至光緒十三年(1887年) 我國徵收洋藥入口稅釐，與葡新訂章程，由香港與澳門會辦協助緝私，於葡京里斯本訂立中葡會議草約四條，准葡人居住管理澳門及屬澳之地，但若未經我國首肯，不得將澳地讓與他國，然此草約僅由我方稅務司金登幹畫押，並未經批准手續。且聲明係一草約，當然不能具有正式條約之效力。同年十二月雙方爲規定通商事，復前中葡條約五十四款，對葡人居住管理澳門，我方應允無異、惟須俟兩國派員妥爲會訂界址之後，始行特立專約，足見當時我國雖默認葡人居於澳門，惟並無固定界址，其後亦無特立專約。同時該約第四十六款規定，以每十年爲一修改條約期限，至民國十七年 （1928 年）適屆期滿，是年經由我國外交部照會葡使聲明，此約於四月二十八日期滿，應即作廢。故今日葡人佔據澳門，實無無法理之根據。對於澳門外交條文上吾人可迎刃而解。

　　且葡人自強佔澳門後，其於城市之經營，故意走入邪途，我國嚴禁煙，賭，取締娼妓，而葡人竟藉其政治之特殊，不惜自沾人類行爲之汙點，在市內公開賭博，專賣鴉片，開設妓館，抽收大宗捐餉，以維維持其

照片 23　遠東最古之燈塔
（探自澳門摩登攝影室）

照片 24　西環落日　（何大章攝）

香港・澳門雙城成長經典

城市之生命,不知此實墮人類於陷井之事,造成澳門為遠東之罪城,而又窩藏奸歹,犯罪之人,逃避於此,逍遙法外乃,令澳門成為我廣東省之一毒瘤。

我國在抗戰期間,澳門冒稱中立,實暗與日敵勾結,危害我國我國抗戰。澳門政府准許日本在澳立特務機關(註2)任由日敵人拘捕暗殺我國駐澳官員 (註3) 並封鎖我國在澳之黨政機關,復放縱走私代日敵收購鎢鑛、青蔴以資軍用,並用媽角倉庫為日人貯備電油,更以懸掛葡旗之商船,為日人載運軍用品,以圖避免盟機之襲擊。復准許日本在澳門設立橫濱銀行,(註4) 並代日人收買我國白銀,破壞我國金融政策而我之廣東省銀行則不准公開設立 。又澳門政府為應付日軍隨時徵工計,藉設難民營為名,拘留我國在澳難民二千餘人於潭仔營內,衣食不足,醫藥缺乏,病死者不下一千餘人, 慘無人道:復替日人誘騙我在澳貧苦無歸之華僑,前往海南島建築軍港,一去無蹤。此外更鉗制輿論,各中文報紙,涉及抗日言論, 悉遭禁絕, 甚至連重慶消息亦不許發載;於我抗戰期間, 澳門實日敵特務之一大據點,破壞我國抗戰,罪有應得。

吾人試回憶,三百餘年前,澳門之開埠原以促進中葡貿易之發達為宗旨而言,則葡人今日不特不符此宗旨,反為其拓土侵地之據点,藏汙納垢。為貽害人類之罪城;諱疾忌醫,且亦徒遺遠東之羞恥, 與中外關係之一汙點耳。

今吾人試平心而論在地理環境上而言, 澳門為廣東省南岸商港之一其地密接於中山縣境其港口之生存與發展,必須依靠內陸腹地。事實上澳門之糧食須賴中山縣供給,其餘蔬菜牲口無不仰給於我內地,而澳門所產之咸魚海味及炮竹等物,亦賴我廣東各地為其銷塲,故澳門與廣東省在經濟上實有不可分離之關係。人口方面言澳門為我國一重要僑居地,近年華僑人數佔全全市人口百份之九七以上,民情風俗與我國內

地毫無二致，以民族自決言，其主誰屬，自可知矣。

　　基前章所述，澳門在地理上爲廣東沿岸港口之一小半島，在歷史上爲一租借地於外交上並無割讓條約之根據，在人口上，我國人佔絕大多數，在經濟上全市工商業活動，均操於我華僑之手，且其經濟之供需與廣東省有不可分繼之關係，其土地房舍產業亦多屬我國華僑所有，依理依法，皆應重歸我國。而況其地窩娼聚賭，通敵禍國，爲害至大。且澳門政治之腐敗，官吏，賄賂公行虐待華僑之事迭出，三百餘年以來，我二餘十萬之華僑，遭難於此，目擊身受，敢怒而不敢言，憤疾已久。方今抗戰勝利，國土重光，上海，天津及廣州灣各租界均次第收回，澳門亦自不能例外，目前吾人正從事於新廣東之建設，在政治上，斷不能容許此種毒瘤之存在，收回改造，實刻不容緩也。

第 二 節　　　海港計劃及其前途

　　澳門港口受西江冲積之威脅，以致對外交通日感困難，此實爲澳門發展之最大障碍。當地政府曾訂有一海港工程計劃，(註5)並成立一海港工程局，專司其事。其工程分兩部，其一爲內港工程，在澳門西岸，前年已動工填地，濬河床，築船塢，自台山平民坊至青洲附近以迄筷子基及沿岸碼頭一帶皆爲新填地，此項工程已完成一部。內港正受濠江之冲積，雖不斷濬挖，其水深度亦僅及三公尺左右，且有在二公尺間者，潮水降落時淤淺更甚。往日一二千頓之港與輪船往來其間尚感不便，若以內港發展海洋交通，實無可能。其二爲外港工程，在澳門之東岸，由荷蘭海港工程公司承辦，於1923年開始工作，填新地，造堤岸，築避風浪堤等，預計可容吃水三公尺之輪船出入，其工程計劃比內港宏偉。迄今東岸新填地已告完成，堤岸及避浪堤亦已竣工，規模粗具。惜工程精草，計劃不週，至今水深仍僅在二公尺間，未足以容納大洋輪船，苟將來擴大計劃，切實經營，亦未嘗不可也。

澳門海港計劃圖

1. 擬築新港處
2, 3. 擬築鐵橋處
4. 舊外港
5. 擬築飛機場處
▬▬ 擬築之海堤
⋯⋯ 擬築之鐵路處

澳門外港之水度雖較深於內港．但仍不免受西江冲積之威脅，港內之一般水深，不過二二公尺，近岸更淺，欲闢成一可容吃水三公尺海輪出入之港口，殊不易易。環顧澳門半島沿岸各處之水深度無超過五公尺者，殊難覓得一適於闢港之地點，惟據著者研究，以為最宜於闢築新海港之處有三：(1) 在路環島東端之大担角，——該島東端沿岸大担角一地，滿潮時水深達六公尺，離西江較遠，冲積威力較小，可容海洋輪船，如由本島松山東麓築一堤達氹仔島，乃可與大陸連接，至為利便，惜以此港面迎大洋風浪較大，宜築避浪堤；其地沿岸多山，甚少平地以作倉庫，須填地以作海港區耳。(2) 在十字門內，——今十字門之淤淺，實因西江堆積之故，其堆積物主要自大小馬騮洲及十字溝而來，今若將媽閣至鷄心石及小橫琴間築堤，復自小橫琴再築堤至大橫琴間，則十字門之堆積，可大

為減少，至於今十字門可濬深其若干水道及船塢以為輪船之出進與寄泊，至濬深十字門之坭沙則可以為築堤填地之用，如是則內外十字門沿岸一帶均可為寄泊大船及建築倉庫與新市區之用，地方寬廣又可以免風浪之打擊，其港口形勢，可遠勝香港所覺困難者僅工程過大耳，惟以澳門港為華南之一外港視之，甚至以全國之力對付之，則又覺其事在必行，輕而易舉矣。

此外，除築港外，並須興築澳門至廣州間之鐵路，以加強澳門新港

與內地之連絡，始得繁榮。查澳門與廣州間爲珠江三角洲地帶，自石歧以南多屬丘陵地，今日已有歧關公路基地，鋪築鐵路，至爲容易，惟自石歧以北至廣州間，河道縱橫，須駕築鐵橋六度以上，且其間類皆冲積土，基地鬆弛，工程頗感困難，苟能用新技術機械，銳意興築，當可成功，至廣澳鐵路所經路線，應由澳門東岸松山東麓過螺絲山，出關閘經前山，循歧關西路而行，至石歧、過小欖、桂洲、容奇、陳村、佛山，循廣三路而抵廣州黃沙，全長約一百二十公里。雖興築匪易，然實爲發展澳門港口必要工程。

此外，並在前山附近或十字門間再闢一飛機場，以供民航機停落，使澳門新港成爲遠東國際航空連絡站。

澳門新港如能闢成，比黃埔港大多佳勝，蓋黃埔港位於珠江三角洲頂点，受冲積威脅甚大，由零仃洋外海口至黃埔港凡八十五公里，其中有零仃及攔江二沙，濬深後，亦僅能容吃水六公尺之汽輪出入，只能成一二等港。且潮水漲落最大，差僅及二公尺，其冲刷河床及搬運泥沙之作用甚小，深水道之保持，殊非易事，至若澳門新港則不然，位於珠江口岸之外，面迎汪洋，滿潮時水深達六公尺，加以人工濬深後，吃水三四公尺之海輪可以自由出入，可成功爲二等港，與廣州港之機能，可內外互相爲用。

抑有進者，澳門新港完成，可代替香港今日之地位。一則廣澳鐵路沿線珠江三角洲各地人口物產，較多於廣九鐵路，物產之集中，輸出較香港爲便‧營利亦必較大。二則廣澳鐵路與粵漢接軌，廣澳鐵路長約120 公里，而廣九鐵路則爲170 公里。澳門新港與內地連絡較香港尤佳：三則十字門內澳新港地址，風浪平靜，比香港優良：四則澳門新港平地較多，市區發展比香港容易。如能銳意興築碼頭，及貨倉設備，其前途可駕乎香港之上。

苟澳門新港廣澳鐵路及飛機場完成，澳門可成爲一現代化之一等

深水巷，外接海洋航運與航空，內通華南及華中腹地則澳門不獨成為華南之一大吐納市，且為遠東國際重要航空站之一，其發展前途正未可限量也。

第 三 節　　漁業港之發展

澳門漁港之自然條件甚佳，其漁塲廣闊，魚業繁多，魚量復不少，且其地毘連珠江三角洲，人口稠密，城市衆多，銷塲甚廣。故澳門漁港應有極大之發展，其今日之所以衰落，皆因人事未臧之故。

至於漁港之地點，以濠江及十字門為最適合，在連接澳門氹仔及路環島之海堤，或接大小橫琴之海堤完成後，十字門及濠江一帶，海面闊寬，風浪平靜，最宜於漁舟之停泊，且其地北接磨刀門水道，地居全省之中，三角洲內，人口衆多，漁產銷運內地，甚形方便，誠為最理想之漁業也。

今後改進，以改良漁業制度及工具為首要，在捕魚技術方面，應改用新式輪船及器械；在設備方面，應設有專船，以其費廉快捷；在推銷方面，應籌組產消合作社，訂定公平價格，以廣銷路；此外，更須設立水產專門學校，以訓練漁民，組織漁民僮會，以改良漁業制度。

第 四 節　　遊覽區之造成

澳門半島，風景幽美，古蹟衆多，且氣候溫和，實為一最佳之遊樂地，且其地接近廣州.香港各大都市，交通方便，苟能點綴風景，可造成一國際遊覽勝地；世界上有不少城市藉遊樂事業，以維持其城市之經濟生命者，如瑞士之蘇黎 (Zurich)，日內瓦 (Geneva)，法國之尼斯 (Nice(，維琪 (Vichq)，日本之箱根，日光；我國之抗州青島等是。

澳門風景殊足戀人，名勝古蹟，清幽絕塵。松山在半島之東，青松蒼翠、山巔燈塔矗立，建於1864年，為遠東最古之燈塔；環山闢成公路，可以週行，東望海洋，天水相接，天空海闊，令人胸懷曠達，二龍喉花園在

松山西麓,其間時花盆列,石几整然,足供人流連賞玩。普濟禪院在蓮花山南麓,廟宇軒昂,佛像甚多,最有東方色彩,廟旁之花園爲1845年中美第一次望厦條約簽訂之地,盧家花園在柯高路側,爲澳門名勝之一,園中設有石山,荷池,九曲橋及湖心亭,朱欄綠竹,古色古香;松山之南爲荷蘭園,有一加瑪銅像,爲發現歐亞新航路之第一人,銅像之下有一航海浮雕,藝術精巧,大三巴石牌坊巍然矗立於大炮台西側,石壁上雕刻有基督教先賢畫像,象徵基督教義饒有藝術,至足瞻仰。白鴿巢公園在有牌坊之西,濃蔭蔽日,曲徑通幽,葡國詩人賈梅士 (Cameos)石洞在焉,相傳其最著名之葡國魂史詩於此即完成者,爲澳門遊客所必憑弔之聖地也。公園北爲基督教著名傳教士馬禮遜(Robert Morrison)之墓,每年復活節基督教團拜之地。南環花園在南環北岸,綠草如茵,古榕成蔭,黃昏日落,清夜月明,殊饒詩情畫意。媽閣廟在半島南端,背山面海, 相傳爲福建漁舶飄流至此所建立,廟中祀奉天后,廟傍奇石嵯峨,有洋船石、蝦蟆石、及海鏡石等,詩文滿壁,令人興懷古之思,南環西環一帶, 海濱風景最爲清幽,海堤紆迴,綠樹成行,夏日正迎海風,拂人欲醉。西望洋山在媽閣山之北,山頂教堂參天矗立,鐘聲悠揚。自山頂俯瞰,全島在望, 綠林處處,紅牆白壁,千映成趣,遠望海外,漁帆點點,沙鷗起落,儼如一天然圖畫,誠一風景美麗之公園也。

　　此外,如半島東北之馬蛟石,螺絲山,及中央之西洋墳等,皆足供人遊覽,東岸新填地海濱及路環之竹灣,爲天然之海浴場。以上各地,苟能再加以人工點綴,在半島北部闢一大規模之戶外運動場,在東岸闢一海浴場,在南環西環設備遊艇,以供海上遊玩,並廣設精舍以供遊客之停息,自可吸引中外之遊客。且本地逼近中山縣,境內不少名勝之地,近者如灣仔之竹仙洞、南屏、濾泉洞、北山嶺、鯉魚仔、雍陌之温泉等風景皆甚清美,尤以中山翠亨村,爲我　國父孫中山先生誕生之地,至富歷史價值,中外人士莫名往謁者甚衆。凡此等地,多須經由澳門前往,如能改

善其間交通，使遊客可朝發夕歸，則更形便利，本地風景清幽，最宜潛修，附近人口眾多，苟賭博、娼妓、鴉片等特種事業禁絕，實爲最理想之學校地址，可以造成一文化城。澳門以天然風景之幽美，苟再加以人工点綴，尤可造成一著名之國際遊覽區，使人視澳門爲東方之花園而非東方之蒙地卡羅，以遊覽事業代替其特種事業，此亦澳門發展一正當之途徑也。

（註1）　賦役全書

（註2）　在柯高馬路二龍喉附近之某大厦

（註3）　民國三十一年十一月澳門我華僑教育領首梁彥明氏及同年十二月我駐港澳總支部主任委員林卓夫氏相繼被刺。

（註4）　日本在澳門之橫濱銀行公開設立譯意曰 Yokomoma Bank，而我廣東省行銀則祇稱曰「廣記」僅翻音爲 Kuang tung nuug hong，殊爲恥辱。

（註5）　見海港工程局編 Macao. A Handbook. 及附圖 10.

本 書 參 考 書 目

1.　廣東通誌

2.　香山縣誌

3.　香山縣續誌

4.　印光任、張汝霖：澳門紀署

5.　張甄陶：澳門圖誌

6.　李受彬：澳門形勢論

7.　沈德符：野獲篇

8.　藍鼎元：粵彝論

9.　魏　源：夷務始末記

10.　薛　蘊：澳門記

11.　顧祖禹：讀史光方輿記要

12.　顧炎武：天下郡國利病書

13.　張景烺：中西交通史料滙篇

14.　蔣廷黻：近代中國外交史資料輯要

15. 饒梅信：五口通商前廣州貿易分析觀

16. 張德昌：明代廣州之海船貿易

17. 周景濂：中葡外交史 （商務）

18. 謝彬：中國喪地史

19. 向達：十三洋行 （中華）

20. 梁嘉彬：廣東十三行考 （商務）

21, H. B. Morse :　The International Relation of the Chinese Empire.

22. M. de Jesus :　Historie Macao, 1902.

23. Carlos Jaciuto Machado :　Macao—The Pearl of the Far East, 1937.

24. Publicity Office Harbour Works Department :　Maeao—A Handbook, 1926.

25. N. T. Feunandes e Filhos Economic Service Depattment :　Partugal in th
World.

26. Macau (Guild Book)—Oldest Fornign Colony in Far East.　Fouuded in 1557.

27. Ball J. Dver :　Macao, The Holy City, The Gem of the Orient Earth 1905

38. Martins, Putino F. :　Manners & Customs of the Chinese at Macao.

39. Alves, Jodo Carlos :　Macao.　(Port Work Department) 1926.

30. Govern Da Provinein :　Anuario de Maeau 1927.

31. Tabelas de Mares e Informacoes relativas ao Parto de Macau 1935 & 1944.

32. Publicacoes da Reparticao Central dos Servicos Economicos :　Directorio de
Macau 1932 ; 1934 ; 1934 ; 1935 ; 1936 ; 1937 ; & 1938.

33. Publicacoes de Reparticao Central dos Servicos Economicos :　Movimento
Industrial e Comercial de Macau de 1929, 1930 ; 1931, 1932, 1933, 1934, 1935
1936, 1937, & 1938.

34. Publicacoes da Reparticao Central dos Servicos Economicos :　Anuario de
Macau 1939-1940.

35. Macau Souvenir :—Editado pela Conissao de Turismo, Impresso na Tipografic
Mercantal, 1938.

36. 藤田孝八：中國南洋古代交通叢考

37. 南支那研究所編：南支那年鑑台灣實業界社出版

38. 森德大郎；廣東名勝史蹟

AN ABSTRACT OF THE GEOGRAPHY OF MACAO

The 16th Century was an epoch of discovery. It was also at that time that the Portuguese came to Macao. This small and unimportant village of fishermen did not take long to become a prosperous port as it held an unique place in the commerce between China and Western Countries. The period between 1557—1640 may be called its golden age.

But with the entering of Hongkong into the scene, Macao was soon eclipsed. Since then, as no more honest business of any importance remained there, it has turned to illegal and infamous ones, harbouring within its bosom gambling houses of every kind, public houses, pawnshops, opium dens and many others of the same nature. As a result, it has gained the unenviable reputation of being the "Monte Carlo" of the Far East. Bandits come here to talk in full security about the ransom with relatives of the victims they kidnap! And now, after the victory of the United Nations, traitors are offered hospitality there of repeated protestations from our Government.

For these reasons alone, if for no more others, China is fully justified to take back Macao.

But if we know that :

(1) The Peninsula of Macao is attached to the main land of China, forming thus part and parcel of its territory ;

(2) It is 16,000 kilometers away from Portugal ;

(3) 97% of its inhabitants are Chinese ;

(4) 95% of the business are in the hands of the Chinese ;

澳門地理（一九四六）

127

(5) China exceeds 474,800,000 in population and 11,173,000 square kilometers in area.

While Portugal attains only 7,380,000 in population and 92,017 square kilometers in area.

Then no body would raise any objection to the restoration of this peninsula to China.

Once restored to the country to which it logically should belong China, after a purification of this place, may turn it into a first rate Port by connecting it to the rest of the country. This would save us the trouble of wasting so much energy upon the projected port of Whamgpo. While the economic value of the latter is still open to question, Macao, being located on the very border of the sea, and the neigbouring islands Taipa and Coloane easily linked up to the continent by dykes, is sure to form a deep-sea port. In this way, Macao would centainly reap unprecedented prosperity as a natural outlet for South China.

香港・澳門雙城成長經典

veryhigh
九七、〇一七方公里 ▦ 葡國面積
二一八、六一〇方公里 ▤ 廣東面積
一一、一七〇、〇〇〇方公里 中國面積

南京至澳門
海岸線之一
一四〇〇公里

南京至澳門
陸上海程
八〇〇浬

臨至澳門國人一四四〇〇

佔至澳門葡人三五七〇

京至澳門海程
一〇浬

里斯
經緯
11.86

好望角

馬林底

歐洲

蘇彝士

非　洲

葡萄牙及
里斯本之

〇〇〇、〇〇〇、〇〇〇人 中國人口
三三、〇〇〇、〇〇〇人 ▨ 廣東人口
七、三六八、〇〇〇人 ▧ 葡國人口

澳門地理（一九四六）

129

書名：澳門地理（一九四六）
系列：心一堂 香港・澳門雙城成長系列
原著：何大章、繆鴻基
主編・責任編輯：陳劍聰

出版：心一堂有限公司
通訊地址：香港九龍旺角彌敦道六一〇號荷李活商業中心十八樓〇五一〇六室
深港讀者服務中心：中國深圳市羅湖區立新路六號羅湖商業大廈負一層〇〇八室
電話號碼：(852) 67150840
網址：publish. sunyata. cc
淘宝店地址：https://shop210782774. taobao. com
微店地址： https://weidian. com/s/1212826297
臉書： https://www. facebook. com/sunyatabook
讀者論壇： http://bbs. sunyata. cc

香港發行：香港聯合書刊物流有限公司
地址：香港新界大埔汀麗路36號中華商務印刷大廈3樓
電話號碼：(852) 2150-2100
傳真號碼：(852) 2407-3062
電郵：info@suplogistics. com. hk

台灣發行：秀威資訊科技股份有限公司
地址：台灣台北市內湖區瑞光路七十六巷六十五號一樓
電話號碼：+886-2-2796-3638
傳真號碼：+886-2-2796-1377
網絡書店：www. bodbooks. com. tw
心一堂台灣國家書店讀者服務中心：
地址：台灣台北市中山區松江路二〇九號1樓
電話號碼：+886-2-2518-0207
傳真號碼：+886-2-2518-0778
網址：http://www. govbooks. com. tw

中國大陸發行 零售：深圳心一堂文化傳播有限公司
深圳地址：深圳市羅湖區立新路六號羅湖商業大廈負一層008室
電話號碼：(86)0755-82224934

版次：二零一九年一月初版，平裝

定價： 港幣　　　　八十八元正
　　　新台幣　　　三百九十八元正

國際書號 ISBN 978-988-8582-31-0